フランク・ベトガー

熱意は通ず

池田恒雄　訳

池田哲雄　あとがき

土曜社

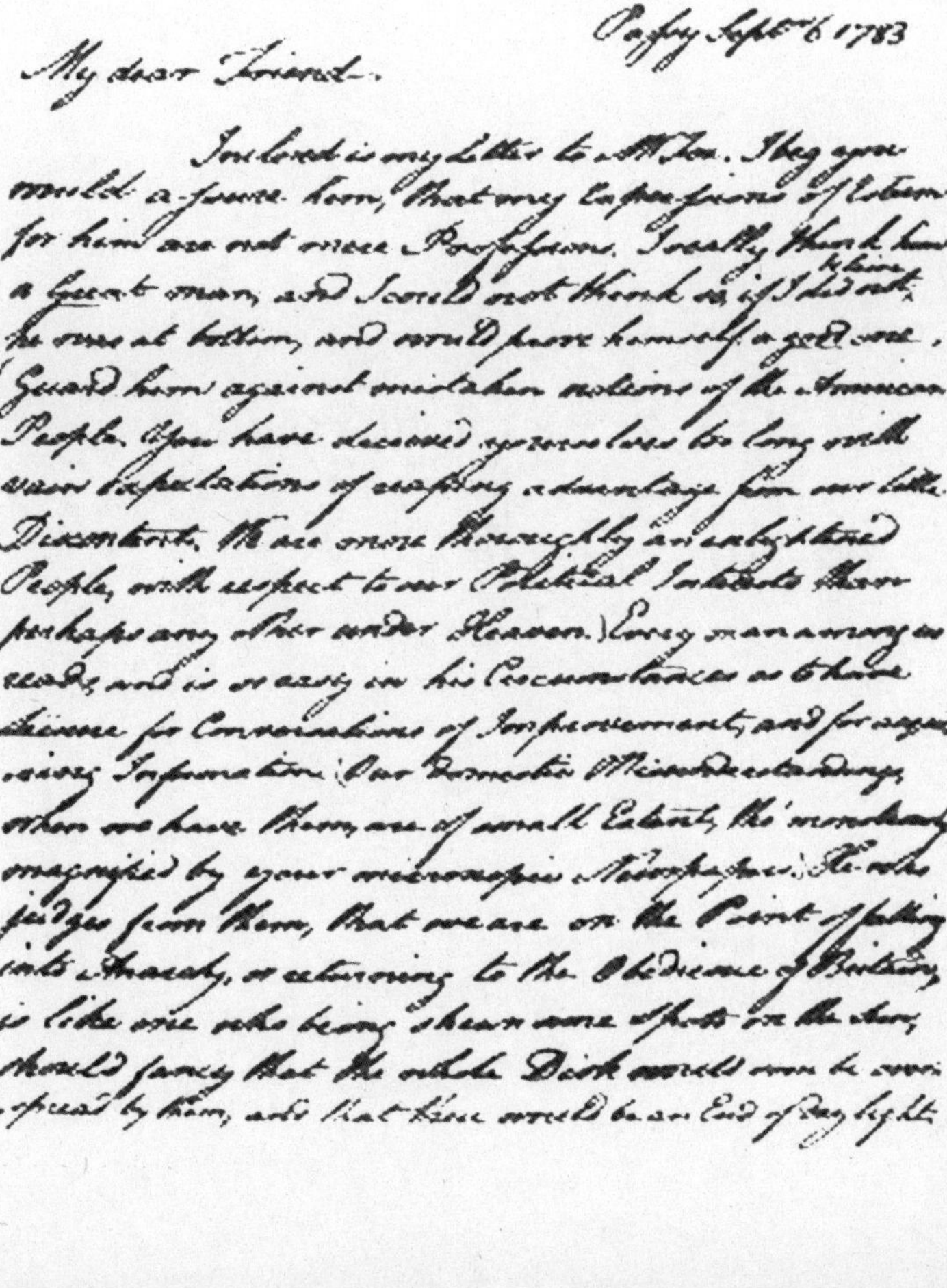

Passy Sept. 6. 1783

My dear Friend,

Inclosed is my Letter to Mr Fox. I beg you would assure him, that my Expressions of Esteem for him are not mere Professions. I really think him a great man, and I would not think so, if I did not believe he was at bottom, and would prove himself a good one. (Guard him against mistaken notions of the American People. You have deceived yourselves too long with vain Expectations of reaping advantage from our little Discontents. We are more thoroughly an enlightened People, with respect to our Political Interests than perhaps any other under Heaven.) Every man among us reads, and is so easy in his Circumstances as to have leisure for Conversations of Improvement, and for acquiring Information. (Our domestic Misunderstandings, when we have them, are of small Extent, tho' monstrously magnified by your microscopic Newspapers.) He who judges from them, that we are on the Point of falling into Anarchy, or returning to the Obedience of Britain, is like one who being shown some Spots in the Sun, should fancy that the whole Disk would soon be overspread by them, and that there would be an End of Daylight.

フランク・ベトガー
池田 恒雄 訳

熱意は通ず

フランクリンの富と福の原理

土曜社刊

生涯を人助けに捧げた人――デール・カーネギーの思い出にこの書を捧げる

BENJAMIN FRANKLIN'S
SECRET OF SUCCSESS
AND WHAT IT DID FOR ME
by
Frank Bettger

まえがき

生涯を通じて最良の助言を与えてくれた人はと問われれば、問題なく私は、一生の大部分を人助けに捧げた人――すなわちこの書を捧げるデール・カーネギーの名をあげる。

私が失敗のドン底にあえいでいたとき、デールは弁論講座（フィラデルフィア市のＹＭＣＡでのことであった）で、私に「ベンジャミン・フランクリンの成功の秘訣」を紹介してくれたのだった。それは、あらゆる職から見離された二十九歳のプロ野球失格者のこの私を、夢に見たこともない大成功へと導いたすばらしい思想であった！

それから二十年後、私が定年で退職するとき、デールはボストンからワシントン地区に至る東部の大半の主要都市にその講座をひろめるため、私に手伝いを依頼し、またその数年後には、私を説いて彼の講座旅行に加えてくれたのであった。私たちはこうして二年間、全米ほとんどの大都市で〝指導者訓練、人間関係、セールスマンシップ〟についての一連の一週間講座を開いて回った。

私がデールから本を書くようにと——この本がそれなのだが——勧められたのは、そのころオクラホマ州タルサに滞在していたときのことであった。

「デールさん、ご存知のとおり私は小学校しか出ていないのですよ。本を書くなど、とても、とても」

するとデールはこういうのだった。

「いいかね、フランク君。きみはフランクリンの〝十三週間で成功する秘訣〟を自分に適用しようと努力を積む間に、多くの人びとが四年間の学校生活で得る以上の〝実際的教育〟を身につけたと思うのだがね。きみは新しい種類の本、つまりフランクリンの思想を辛苦して実地に試みた男が初めて世に問う本を書くことができるだろう。きみの経歴には人びとの目を引くものがある。だから、そうした本を書くことで、きみは天国で三塁を守るようになってからも、ずっとのちまでも、失意の若い男女をはげまし、手助けすることができるではないか！」

なにぶん、本を書くのは生まれて初めてのことなので、最初に──つまりウォームアップとして──〝私はいかにして失敗から身を起こし、セールスの成功をかちえたか〟の実話を書くようデールは勧めてくれた。私はこの助言に一字一句従い、セールスマンとしての体験を二冊の本にまとめた。

その後、デールは彼のいう〝天国のチーム〟に加わるため、この世を去って行った。もしもまだ天国に着いていないとしても、それは道々どこかで立ち止まって、だれかの歩みを助けているためであることを私はよく知っている。彼はフランクリンの「神への最良の奉仕は、人びとに尽くすことだ」という哲学を信奉し、実行した人であった。

いまこれを書いている私の机上では、デールとフランクリンの肖像が私を見守り、はげましている。では、私の人生の始まり──フィラデルフィア市の最も貧しい一角の裏通りで、ツー・ストライクの窮地に追いこまれていた当時の話から、この本を始めよう。

フランク・ベトガー

目次

第二部　いかにして私のラインアップを変えたか

読者に

名高い野球コーチであるビル・クラークは、味方が敗色濃厚、挽回もはや不可能と思われる局面になると、コーチング・ラインから声を張り上げて、私たちをこうはげましたものだ。

「先のことはまだわからんぞ。およそ思いがけないことにかぎって、よく起こるものだ……」

彼のいうことには何か心理の機微をつくものがあって、これを聞くと、私たちは〝何か〟がいま起ころうとしているのだと思いこむ気持ちになった——しかも実際にそれはしばしば起こったのだった！

この本の第一部をなす最初の九章——私はこれを最初の九イニン

グスと考えているが——では、およそ思いがけないことがよく起こっている。一イニングごとに、私は投げ出したくなった。そのたびに、私はビルじいさんがある日私たちにいって聞かせた言葉を思い出す。

「手のつけようがないと思うようなときこそ、投げ出しちゃならんのだよ」

このうんざりする九イニングスが、私にとってのちの新たな成功に満ちた人生への不可欠の教訓、基礎作業を提供したことをさとったのは、ずっとあとのことであった。実際、第一部なしに第二部が書かれることはなかったのだから、この二つは不可分のものだ。

というわけで、私の野球経験で出会った〝比類のない風変わりなゲーム〟の話から始めるとしよう。

第一部　社長が会いたいといっている

比類のない風変わりなゲーム

プロ野球選手として、私はカナダのモントリオールからテキサス州のガルベストンまで、ほとんどあらゆるリーグに出場したが、この風変わりなゲームに出会ったのは、プロ入り前、デラウェア・カウンティー・リーグに所属していた当時、ペンシルバニア州クリフトン・ハイツでのことであった。

リーグにはチェスター、アプランド、クリフトン・ハイツ、ミディアと四つのチームがあり、私はミディアの三塁手だった。この四チーム間の対抗意識といったら、およそあとにも先にも見たことがない。一つ、その実例をお目にかけよう。

それはシーズン最終日のこと。ミディアとクリフトンが同率首位で、ペナントをかけた熱戦をくりひろげていた。四対三と味方のリードで迎えた九回はすでに二死。クリフトンは三塁に同点の走者を置いていたが、次の打者をうちとれば私たちがチャンピオンだ！

次打者は俊足のプレーヤーで、三遊間に鋭いゴロを飛ばした。私は得たりと飛び出して確実に捕球した……まではよかったが、あせって一塁に悪投してしまった。一塁手オグデンが長身を思いきり伸ばしたところへ、走者がはげしくかけこみ、両者重なりあって転倒した。倒れながらもオグデンは、数百人の熱狂したクリフトン・ファンで〝超満員〟のスタンド——といっても芝生の植わったただの土手だが——に転がりこむ球のゆくえを見やった。ところが、ここで驚くべきことが起こった。球が一人の娘のドレスに飛びこんでしまったのだ！　オグデンは土手をめがけて走る。三塁走者はもちろんホームイン。打ったランナーも一塁から二塁に突っ走る……。

クリフトン・ハイツのグラウンド・ルールは「悪投による進塁は制限せず」だった。オグデンは娘のところにかけ寄って「立ってくれ」とどなったが、娘はそ知らぬ顔で見返すばかり。オグデンはもう気が気じゃない。振り返ると、走者は早くも二塁を駈け抜けて狂ったように三塁へ走っているではないか。「立て！」オグデンは娘の顔にかみつかんばかりの面相でがなり立てるが、娘はピクリともしない。

オグデンはまた振り返る。走者はいまやペナントをめざして、すばらしい早さで三塁を回ろうとしている。もはや一刻の猶予もならない。オグデンはそこで非常手段に訴えた。娘の両腕をつかむや否や、はげしく揺すぶったのだ。ポトリと球は落ちた。ひったくるようにこれをつかむと、オグデンは捕手のミットめがけて矢のように投げ返した。本塁寸前、走者にタッチ。審判の判定は「アウト！」

とみるや、走者は審判に飛びかかって、右、左とたて続けにアッパーカットを食《く》らわした。気の毒に、審判のからだは宙に浮いてダウン！　走者は馬乗りにまたがって、なおも殴りつける。さあそれからがたいへん。あっちでもこっちでも、グラウンド狭しと入り乱れての大立ち回りが始まった。警官も多勢に無勢、手の下しようがない。けっきょく、審判など五人がデラウェア病院、六人が刑務所送りとなって、やっと騒ぎはおさまった。

という次第で、私はこのゲームから一つの教訓を得た。

すなわち、「女性の力を見くびってはならない」。

＊

その夜、デラウェア・カウンティー・リーグのウィークス会長は裁定を下し、次の土曜日に再試合挙行と指示した。季節は夏の終わりで、狩猟シーズンに入っていた。なぜ狩猟の話など持ち出したかって？……そこですよ、問題は。

この決勝ゲームほど死にもの狂いに戦った野球は、ワールド・シリーズにも例がないだろう。両チームの選手たちは、まるで今後の一生がこのゲームの結果一つにかかっているかのような意気込みであった。グラウンドの周囲には、奥の森のほうまで縄が張りめぐらされた。その両側にはミディア、クリフトン双方のファンが向かいあって陣取った。この一戦を見ようと、わざわざフィラデルフィア市から詰めかけた観客も数百人を下らなかった。そして、このゲームの帰趨には多額の賭金がかけられているという話だった。

まったく偶然の一致で、前回と同様、九回二死を迎えてスコアは四対三、ミディアがリードしていた。ただ違っているのは、攻撃側のクリフトンが満塁でリーグきっての強打者を打席に送っていることであった。ボックスに入るこの打者の目には、殺気がみなぎっていた。

観客席はわき返る騒ぎである。「初球をひっぱたいて、森に打ちこんじまえ！」とクリフトンのファンはどなっていた。一打出れば二者生還して、ペナントはクリフトンに持ち去られる。満場息をつめて見守るなかを、わが投手バーノン・タッチストンはワインドアップ。繰り出した第一球は、あんまり速くてだれの目にもとまらなかった。が、ただ一人、打者は見ていた。ベーブ・ルース流の強烈なスウィング。球はたしかに当たった。ところが、クリフトン・ファンの間から上がったのは歓声ではなくて、うめき声だった。うろたえたのも道理、球はホームプレートの真上に舞い上がっていたのだ。塁上の走者はいっせいに走り出したが、わが信頼すべき捕手、元大リーガーのジョー・ノッツにかかっては百発百中――わがチームの優勝はもはや確実だと思われた。

ところが、この興奮の渦のなかで、二人のハンターが森のなかから歩み出て観衆の背後に近づいたのに、だれ一人気づく者はなかった。二人は赤い狩猟帽をかぶり、猟銃を手にしていた。その一人はクリフトン・ハイツの住人で、クリフトン側に、多額の賭金をかけていたという。男は一目で戦況を見てとると、やにわに銃をかまえた。満場の目は空中の白球にそそがれていた。銃声一発。次の瞬間、捕手の頭上七メートルで球が破裂するのが、だれの目にも認められた。球は中空でいっとき不安定に揺れ、次いで驚きあきれる群衆のなかに消え去った。

前の週、私が何もかも見たと思ったのは、実は前座にすぎなかった。きょうのが真打だったのだ！ 両チームの選手とファンがグラウンドいっぱいに群がり、警官と消防夫がこれを鎮めようと右往左往。騒ぎは、消防隊が高圧のホースを持ち出したあと、ようやく警官隊の手で鎮められた。こんどは、デラウェア、フィッツジェラルド両病院のお世話になることになった——そして無論、刑務所にも。

のちに、あるスポーツ・ライターはこの二つのゲームを回顧してこう書いた。

——これらが古今に比類のない最も風変わりな野球であったことは疑いの余地がない。ナポレオンのワーテルロー敗戦以来、これほどの決戦はなかった！

プロ入りのきっかけ

私の家の玄関に立って呼びりんを鳴らしている彼らの姿をみたとき、私にはだれだかすぐわかった。私は見るからに強そうなこの二人が、リッジアベニューの町角、とくにマクダニエル・サルーンの前をぶらついているのをよく見かけていた。私はすすと油にまみれた仕事着をまとって、職場から帰りついたところだった。

「あんたがフランク・ベッチャーかね」と一人がいった。

「そうだよ」。私は二人をうさんくさく見やりながら答えた。

「こんどの土曜日、ドナヒュー・サルーンとの対戦にマクダニエル・サルーンのショートをやってもらいたいんだが」と年かさのほうが意外なことを切り出した。「シャッツェン・パークでやるんだよ」

二人は〝半くろ〟によごれた私を眺め回していた。

「なんでまたマクダニエル・サルーンのチームに加わるのかね。関係もないのに」と私はたずねた。

「ああ、それならかまわねえよ。だれも気にしやしないさ」と二人は請け合った。

「しかし、なぜあんた方は私を呼びにきたのかね」

「スパロー・シャープとボーエル・マッカーシーから聞いてきたのさ。あの二人は、去年の秋のクリフトン・ハイツの乱闘ゲームで、あんたのプレーを見ていたんだ。スパローもボーエルもおれたちと一緒にゲームに出るよ。どうだろう、あんたには五ドル出すがね」

それまでに私が受けとった出場料は、一ゲーム二ドルが最高の相場だった。五ドルは魅力だが、私は二人が話したスパローとボーエルが何者であるかを知っていた。彼らは球場をうろつき回る〝球場すずめ〟のたぐいで、まじめにかせごうとしない自称プロ野球選手だった。私はフェアマウント・パークでこの連中と二度ほどプレーしたことがある。スパロー・シャープなどに至っては、酒びんを手放すことができれば初めて大リーガーの素質をうんぬんすることもできようという手合いだった。それに、シャッツェン・パークのゲームのことも知っていた。この球場の呼びものというのが、ベンチに備えつけられたタル入りの冷えたビールで、選手連中はこれをただで飲めるという趣向だった。おまけに、選手の多くはめいめい腰に酒びんをぶらさげていて、五回ともなれば一同千鳥足なのだ。

「だめ、だめ」と私は自分にいい聞かせた。「こんな連中と野球はできない。母親なら五ドルの立派な使い道を知っている。しかし、出場を承知してはくれないだろう。母は酔っぱらいが大きらいだ。おれの家はウイスキーのおかげでめちゃめちゃになった。父親は大酒を飲んで死んだ。一文なしの母に残されたものは、五人の幼い子供と、わが家——四部屋の掘立小屋だが——のとどこおった家賃とだった。おれたち子供を養い、学校に通わせるため、母は何年もの間、日傭い仕事に通ったうえ、洗濯や縫いものに追われねばならなかった……」

そこで、私はこんどの土曜日は用事があるからと二人に断わろうとした。ところが年かさのほうが途中で口をさしはさみ、それが私の考えをすっかり変えてしまったのだ。実際、相手のいうことを聞いたとき、私は金を払ってでも野球に出たいと思った。

「まあ聞いてくれ」と彼はいった。「大リーグの投手を相手どるチャンスなんだぜ。〝レッズ〟ドナヒューが投げるんだからな」

これがきいた！　その土曜日のことを私は一生忘れないだろう。それは私の鉛管工助手時代に終止符をうつ日となったからだ。

マクダニエル・チームは〝レッズ〟ドナヒューから六本の安打しか奪えなかった。しかし私は幸運に恵まれた。六本のうち四本は私が打ったものだ。私たちは六対四で勝ったが、私は打点四をたたき出し、残る二点も私が得点した。私は両チームとも真剣にやるのに驚いた。その日はだれも酒をあおる者などいなかった。〝レッズ〟ドナヒューは、多年デトロイトのスター投手だった。もちろん球速は衰えていたが、かの有名な大きく曲がるカーブはまだ投げることができた。そしてこのゲームでももっぱらこのカーブを投げていた。マクダニエルの連中は手玉にとられて、きりきり舞いした。

ゲームのあと更衣室にいくと、レッズがシャワーを浴びながらしゃべっている声が聞こえた。

「あの新入りがいなかったら、一点も入らないところだったな。奴は何者だ。マクダニエル・サルーンにいたなどといっても、だまされないぜ」

〝新入り〟ベッチャーの活躍ぶりは、さっそく近隣にひろまった。角のタバコ屋の仲間は、

「ベッチ、運が向いてきたな。〝レッズ〟ドナヒューなら、プロ野球の口を見つけてくれるぜ」

といった。毎晩顔を合わせるごとに、彼らはドナヒューに会いに行けと勧めるのだった。しかし、それを考えるたびに、私の胃袋はとんぼ返りをうった。一度などは、ドナヒュー・サルーンの入口まで行きながら、気おくれしてしまった。

ある晩、私は数人の仲間に引き立てられるようにして出かけて行った。ドアの向こうから、

レッズの大声が聞こえてきた。仲間の一人に出し抜けに背中を突かれたその瞬間、私は、バーに座っているドナヒューのすぐ後ろにいた。レッズは何ごとが起こったのかと、私のほうに目をくれた。

「どうしたっていうんだ」

十二歳の子供を叱りつけるように、この大リーグ投手はわめいた。やっとの思いで私は口を開いた。

「ドナヒューさん。私はフランク・ベッチャーです。このあいだシャッツェン・パークであなたのチームと対戦しました。野球の口を見つけていただけないでしょうか」

レッズは向き直って、じっと私を見つめた。

「きみはあのときマクダニエルのショートストップをやった新入りか」

「はい」。私は微笑しようと努めた。

「こりゃぁいい」と彼は笑い出した。「仕事ならいつでも見つけてやるよ」

その数日後、ペンシルバニア州ジョンズタウンから私の家に電報が届いた。宛名に書かれた私の名はベトガー *Bettger* でなく、ベッチャー *Betcher* となっていた（そのように発音するのだ）。

《トライステート・リーグ・ジョンズタウン球団加入ノ最低条件ヲ知ラセ　監督チャールズ・アサートン》

と電文にあった。

もし先に母親の手に電報が渡っていたら、私はその日のうちにこの電文を見ることはできなかったろう。

あまりの驚きに、その夜私は食事もろくろくのどを通らなかった。私はさっそくドナヒューのところへ出かけて行った。仲間たちも一緒に行ってくれた。電報を読み終わったレッズは、私の背中を思いきりどやしつけて、こうどなった。

「今夜のうちにさっそく返事を出すんだ。月俸三五〇ドル要求——とな」

リッジアベニューからウエスタンユニオン電報局へ行く道で、仲間たちは私におとらず興奮のていだった。局の入口で、私は立ち止まった。

「なあ、みんな」と私はいった。「おれの給料はいま週八ドルだ。ジョンズタウンで月三五〇ドルももらった日には、ボール一つ満足につかめなくなりそうで心配になってきたよ」

仲間たちもこれに同意し、私たちはレッズの出した条件を半額に値下げすることに衆議一決した。私は先方からの宛名どおり、フランク・ベッチャーと署名した。そして以後の球歴を通じて、私はベッチャーで通ることになった。

その夜は、よく眠れなかった。あくる朝、目をさましてみると四〇度も熱があった。母は急いで医師を呼びにやった。医師より先に、電報がきた。母が開いてみると——、

《条件承諾、ジョンズタウンニ急ギ来ラレタシ　監督チャールズ・アサートン》

母はびっくり仰天、私が説明しようとしても、泣き出してしまって手のつけようがない。そ

こへ医師が入ってきた。ただの感冒だが、二、三日寝ていたほうがよいという診断だった。母は、私がプロに入るのを断念するよう先生からいって聞かせてほしいと懇願した。

「先生さま、フランクは小さいときから心臓が悪いんです。野球なんかしたら、きっと死んじまいます」

医師は驚いたような顔をした。私はこの先生にみてもらうのは初めてだった。医師は改めて聴診器を取り出し、こんどは念入りに調べた。

「心臓が悪いなどと、いったいだれがいったのかね」と彼はいった。

母は、私がいかに心臓が弱かったか、そしてここまでとうてい育つまいと思ったかを説明した。

「なるほど」と医師はいった。「以前心臓が悪かったにしても、息子さんはもう大丈夫だよ。いまじゃ心臓はまったく健康だ」

しかも、うれしいではないか。医師は私をジョンズタウンにやりなさいと、母に口をきわめて勧めてくれたのだ。「息子さんのためには、すばらしいことだよ」と彼は力説した。しかしトーマス先生は、この診断がどこまで当たっているかをご存知なかった。

＊

ジョンズタウンに着いたとき、私はこれから会う選手たちがそれまでに経験したどこの選手よりも優れているだろうくらいのことは予想していた。しかし、私自身がどんな場面に直面しようとしているかは考えてもみなかった。私が対戦した最初のチーム、ウィリアムスポートは、私が前にフィラデルフィアで見た大リーグの諸チームに匹敵するほど優秀に思えた。事実、ウィリアムスポートはその年トライステート・リーグで優勝し、チームから七人の選手が大リーグ入りした。そして監督のハリー・ウルバートンはハイランダーズ――のちのニューヨーク・ヤンキース――の監督に就任したのだ！

私はたとえジョンズタウンの洪水に見舞われたとしても、この第一戦のときほどの恐怖は抱かなかったと思う。監督のアサートンはそのへんをよく心得ていたようで、私に接する態度は父親のようだった。一日一日と、彼は私に自信を持たせるよう全力をそそいだ。

やがて、月初めの日がきた。月給日！　プロ選手として最初に受けとる給料だ！　私はほとんど駆け足で郵便局に行き、母のもとに書留速達を出した。それは私の生涯でもいちばん幸福な一瞬だった。「お母さん、もう日傭いの仕事に通うことはありません」と書きながら、私は泣いた。

ところが、次の日、驚くべきことが起こった。監督のアサートンが解雇されたのだ。後任は中堅手のバート・コンだった。そして、コンの初仕事は、私を解雇することだった。

「フランク君。ここをやめたあと何をするかは知らんが、どんな仕事にせよ、ひとつ目をさまし、気合いを入れてやることだな！」

こういい渡すコンの目は、石のように冷やかだった。

十日後、私はペンシルバニア州のチェスターでダニー・ミーハンという元野球選手に掘り出された。ダニーは私のプレーを一度見ただけで、有望と見込んだのだ。「きみは熱心にやっている。気合いが入っているよ」と彼はいった。私は〝気合いが足りない〟ためにクビになったいきさつを説明し、バート・コンの記念すべき〝さよなら演説〟を披露して大いに笑った。

それから一週間とたたないうちに、ダニーはコネチカットのニューヘイブン球団に私を使ってみるよう口をきいてくれた。

ニューヘイブンに着いたのは、うだるような真夏のある日のことだった。私は、コネチカットの有名な弁護士でニューヘイブン球団の社長でありオーナーでもあるダナヒュアー氏の事務所に行くよう指示されていた。ダニーは「社長が会いたいといっている」といっていた。

私はこの町の活気と交通のはげしさに目をみはった。ニューヘイブンについて知っていたことといえば、エール大学のある町だということぐらいで、これほどの大都会とは思ってもみなかった。私は教えられたとおりの場所に事務所を見出し、週末で人気のない広い応接室に通った。ちょうどそこへ事務室から給仕が出てきた。私が名前を告げると、彼はひとこともいわずにくるりと背を向け、ふき出したいのをやっとのことでこらえていた。やがて「ダナヒュアーさん、ベッチャーがきてます」という彼の声が聞こえた。

ダナヒュアー氏は勢いよく部屋から出てきて私の姿を見、それから急に足をとめて給仕を振り返ると、大声でいった。

「どこだ、ベッチャーは」

私もびっくりしたが、給仕も驚いたらしい。彼は私を指さしていった。

「そこにいます、社長さん」

長身のダナヒュアー氏は私のほうに近寄りながら、自分の目を疑っている様子だった。

「きみがベッチャー君か」と彼は困惑の表情でいった。

私はうなずくのが精いっぱいだった。外見がぱっとしないことは承知しているつもりだったが、かといって、そう奇妙に見えるとは思っていなかった。私は二ヵ月以上も床屋に行っていなかったので、髪の毛を抑えつけるために麦わら帽子をかぶっていた。それはつばが半インチもないしろもので、ニューイングランドではこんなスタイルは前代未聞だったのだ。おまけに私はその夏かなりやせていて、顔はしぼみ、ズボンときたらすそが二インチも短く、その下は白のテニス靴といういでたちだった。そして、その朝汽車のなかで、天井を向いた鼻のあたまのおできをしぼり出したのが悪く、ようやくうみが出始めたかわりに、面積は二倍にも広がって、とても見てはいられない顔になってしまっていたのだ。私はボール紙の小さなスーツケース一個をぶら下げ、自分の姿は、ダナヒュアー氏が想像した前途有望なプレーヤーとは似ても似つかぬものだろうと思いながら、ぼんやりとそこに立っていた。

もしダニーじいさんがこの場に居合わせたら、おそらく卒倒してしまったことだろう。よく通る大きな声で、ダナヒュアー氏がいった。

「これでリーグに入ろうっていうのかね！」

彼は窓に歩み寄り、しばらくじっと外を眺めていた。彼は高価そうな濃い色のビジネス・スーツの背をこちらに向けたままいった。

「ミーハンがきみをあまりほめるものだから、私は昨夜、二塁手のフィッツジェラルドをジャイアンツにトレードしてしまったのだよ」

沈黙が続き、それからダナヒュアー氏は急に事務室に入るとドアをバタンと閉めてしまった。それから五分もたっただろうか——しかし私にはそれが一時間にも感じられた。

「チェスターを出てくるのじゃなかった」と私は考えた。「ジョンズタウンと同級のリーグでうまくやれるなんて、なぜ思ったのだろう」

そのときダナヒュアー氏がまた出てきた。

「きみはいくつかね」

「十八歳です」

「そうは見えないがね」

信じられないという顔つきだった。やがて、また彼の声がした。

「さて、きょうはどうしたものか。二塁をやれる者をまだ見つけておらんのだ」

彼は自分にいい聞かせているようだった。

「きょうすぐに、チャンスを与えてもらえませんか」

私は目をいっぱいに見開いていった。自分のほうから申し入れなければ、彼が一度もテストせずに私を帰してしまうだろうと思ったのだ。

私は彼に連れられてセービンロックにある球場に行った。やがて、私はロッカー・ルームの奥のベンチに座っていた。社長は主将のジェリー・コネルに何か話していた。ジェリーは、〝ロッキー・マルシアノ〟タイプの立派な体格をしていた。彼は私を一、二度見て、いかにもうんざりした顔をした。それから私のそばに歩み寄り、無言のままひざにユニフォームを投げてよこした。それはフィッツジェラルドのだった！

すでに選手たちは大方フィールドに出ていて、土曜日のスタンドのざわめきが私の耳にも届いていた。ユニフォームを着た瞬間、私は急にジョンズタウンのときと同じ緊張に襲われだした。バート・コンがかたわらに座って話しているかのように、彼の声をはっきり聞く思いがした。「ひとつ目をさまし、気合いを入れてやるんだな！」そしてダニー・ミーハンの声も聞こえた。「きみは熱心だ。気合いが入っているよ！」

バート・コンとダニーの言葉は、この瞬間、他のいっさいの思考を押しのけてしまったように思われた。それは日かげで三八度もする暑い日だったが、私はほかの内野手の領分まで駆け回っては打球に飛びついた。ゲームは追いつ追われつの白熱戦だった。三対三の同点で八回二死となったところで私は打席に立ち、レフトにヒットを飛ばした。私は一塁を回って二塁に滑りこんだが、あまりの勢いに二塁手はボールをはじいた。私は狂ったように走り続けたが、このあと三塁でも、そして本塁でも同じことが起こり、けっきょく私はシングルで本塁打をかせいでしまった！

皆は私を「くさりを解かれた鬼のようだった」と評した。ダナヒュアー氏はスタンドを降りて正面のフェンスから身を乗り出し、はげしく私の手を握って叫んだ。

「合格だ。うちで働いてくれたまえ。お客は大喜びだよ！」

この一打が決勝の一点となって、私たちのチームは勝った。翌日、ニューヘイブンの地元各紙は〝人間発電機出現〟と書き立て、〝張り切りペッチャー、チームの活力となる〟とほめそやした。私はこれらの切り抜きを早速ジョンズタウンの〝例の男〟に送ってやった。わずか三週間前、「やる気がない」という理由で解雇した男が、いまや〝張り切りペッチャー〟と書き立てられているのを、はたしてあのバート・コンはどんな顔で読んだことだろう！

私はやる気がなかったのではない。ただあがっていただけだ。恐怖が私をしり込みさせたのだ。しかし、気合いを入れてやってみようと努力しはじめたときから、神経は「私の思うように」なった。恐怖が気合いに——そして文字どおり「くさりを解かれた鬼」に変わったのだ。

私はダニー・ミーハンにも切り抜きを送ってやった。ゲーム開始直前、ロッカー・ルームでまざまざと聞いた彼の声のことを書いた手紙を添えて……。しかし、手紙は彼の手元に届かなかった。彼はその当日、天に召されて行ったのだ。あとから聞いたのだが、それは私が決勝の一点をたたき出すべくニューヘイブンの球場に立っていた、まさにその時刻のことであった。

三割打者への成長と大リーグ入り

第三の大リーグ〝ユニオン・リーグ〟結成の話が新聞、雑誌に伝わり始めたのは、ニューヘイブンの野球シーズンが閉幕してまもなくのことだった。ニューヘイブンの花形一塁手サム・ケネディがボルチモアの監督に就任し、私に会いにフィラデルフィアへやってきた。彼は新しいリーグと契約したナショナル、アメリカン両リーグの多数の選手のリストを示し、辞退するにはあまりにすばらしすぎる条件を申し入れてきた。彼はいうのだった。

「フランク、きみは大リーガーになれるのだよ！」

そこで私はボルチモアと契約を結んだ。

この年は野球始まって以来の長雨のシーズンだった。雨は十日も降り続き、それが間断なく繰りかえされるのだった。高給の選手たちがホテルのロビーにたむろし、日に三度、大盛りの食事を平らげていた。ようやくゲームにありついても、ひどく寒い日で、観客はまばらだった。というわけで、ユニオン・リーグは解散のうき目にあった。独立記念日にダブルヘッダーを挙行したあと、この新しい大リーグはさじを投げて解体した。

既成球団から新リーグに飛び出した選手は、その後一年間、全員〝村八分〟になった。そこで、私は残りのシーズンを〝みそっかす〟扱いのアトランティック・リーグに所属するペンシルバニアのヘイズルトンで働くことにした。そしてあくる年、権利を回復した私は、当時プロ野球界の最低クラスだったサウスカロライナのグリーンビル球団に拾われた。

ところが、これが思わぬ幸運の訪れとなった。私はグリーンビルが気に入った。そしてファンの人びとは、まだ当たりが出ないうちから私を王者扱いしてくれた。ある日、監督のトミー・スタウチがいった。

「フランク君、これで当たりが出たら大リーグが捨てておかないぜ」

「当たりの出るコツはないものでしょうか」と私はたずねた。

「それは、きみの〝気合い〟をヒッティングに集中することさ」

私はからかわれているのかと思った。

「どうすればヒッティングに〝気合い〟を集中できますか」

と私は重ねてたずねた。するとトミーは言下にいった。

「問題はただ一つ、タイミングの悪さだよ。タイミングをつかむには、毎朝球場に出かけて行って三百本打つことだ。きっと〝気合い〟が入るぜ。そうじゃないかね」

私はこの言葉にすっかりとりつかれ、チームの何人かの同僚とかたらって早速試してみることにした。同僚たちは私をどうかしているといい、北部の人間には南部の熱い日ざしを、午前、午後と続けて浴びるのはたえられまいと忠告した。だが、同室の快男児ジョージア州ウェークロス出身の捕手〝レッズ〟ウィンゴは、ひとつやってみてもよいと同調してくれた。私たちはタバコ銭かせぎのつもりで引き受けた数人の連中を連れて、毎朝日ざしが強くなりすぎないうちに球場へ出かけて行った。こうしてウィンゴと私は各自三百本ずつ打ち、けっこうそれにうち興じた。

ウィンゴと一緒にひそかにこの練習を始めたとき、私の打率は二割三分八厘、つまり打数二一につき平均安打五本という率だった。ところが、以後二〇打数ごとに安打一本を増すことによって、私はカロライナ・リーグ唯一人の三割打者にのし上がった。そしてある朝……私はセントルイス・カージナルスに入団するため、ニューヨーク行き列車の車中の人となっていた！

＊

ニューヨークに着いてカージナルスに合流してわずか一時間後、かの有名なポロ・グラウンドで私のどぎもを抜く出来事が起こった。それは大リーグ史上空前絶後の、それこそ〝うそのような本当の話〟だった。

監督ロジャー・ブレスナハンは球場のロッカー・ルームで私に会い、それから二、三の選手に引き合わせてくれた。ほとんどの選手はすでにグラウンドに出ていたので、彼らはベンチから出てきた私が何者であるかも知らなかった。しかし、ゲームが始まったとき、私はカージナルスのユニフォーム姿で多くの大選手たちとそですり合わせてベンチに座っていた。それは夢が現実になったような心地だった。私の心は宙に浮いていた。

スタンドには生まれて初めてみる大観衆の群れ、そして絶好の野球日和——。あがることはない。別に出場するわけではないんだ(と私は思っていた)。おれはここに座ってゲームを楽しんでいればよい。それだけで給料がもらえるんだ!

相手チームのジャイアンツの投手はクリスティ・マシューソン——〝フェーダウェー・ピッチ〟(消えてしまう投球)で名高い、おそらく野球史上最高の投手、不滅のマシューソンその人だった。そして捕手は〝大親分〟の異名をとるメイヤーズ、その背後にひかえる主審は、これも名高いハンク・オデーだった。ジャイアンツのベンチ前では名監督マグローが行きつ戻りつしていた。すべては私が以前写真で見たとおりの光景だった。

ゲームはカージナルスの攻撃で、主将の二塁手ミラー・ハギンスが打席に立った。ハギンスは、このゲームの前にマシューソンとハンクの間にどんなやりとりがあったかを知らなかった。マシューソンはその朝の新聞の切り抜き——そのシーズン、リーグ最高の得点を記録していたハギンスの写真と記事——を見せて、こういったのだ。

「ときにハンクさん、ハギンスが得点をかせいでいるわけを教えようか。それはつまり出塁率が高いからさ。それというのも四球が多いからなんだ。打席に立つと、奴っこさんは五フィート六インチ(約一六七センチ)そこそこの背たけにもってきて、うんと低くかまえるだろう。そうしておいて、いざ球がくると思いきり足を開いて、ヒョイと身をかがめるんだ。これじゃ山高帽子でもかぶらないかぎり、ストライクの通りようがないや。そこで頼みたいのだがねハンクさん、きょうは奴っこさんが打つ気でかまえたときと同じ基準で、ストライクを判定してもらいたいんだ」

そんなこととは露知らず、ハギンスは例によって打席に低くかまえた。マシューソンはふりかぶって、ど真ん中にものすごい速球を投げこんだ。しかしハギンスは足を思いきり開いてヒョイと身をかがめ、球は頭上一フィートを通過した。

「ストライク・ワン」

ハンク・オデーは声を張り上げた。

「なんだとお?」

ハギンスは振り向きざま、主審の鼻に顔を寄せてうなった。ハギンスには、ひとつ偉大な持ち物があった。それは私の出会ったなかで最も背の低い彼が、最も大きい口を持っていることだった。実際のところ私がベンチに座って見ていると、彼の頭は首の向こう側のちょうつがいの上についていて、大きな口が開くたびに頭全体がちょうつがいの上で上がったり下がったりするような印象だった。

しかしハンク・オデーは、またたきひとつしなかった。そこでハギンスもあきらめて打席に戻り、バットでホームプレートをやけくそにたたくと、やおら低く身がまえた。マシューソンはすばらしい制球力を持っていた。彼は第一球と寸分違わぬコースに猛速球を投げこんだ。ハギンスも足を開いて身をかがめ、球は頭上一フィートを通過した。

「ストライク・ツー」とハンク・オデーはどなった。

「なんだとお？」

金切り声を上げたハギンスは、ガラガラヘビのように飛び回って主審にからみついた。その大きな口はいっぱいに開かれ、オデーの顔に火のような息をはきかけていた。主審はカージナルスのベンチを指さしていった。

「退場！」

ハギンスは、バットを振り上げ、主審の頭に殴りかかるように身がまえた、すると、ハンクは片腕をゆっくりと野球会館の方向に動かし始めた。そこでハギンスは、足早にベンチに引き下がった。というのは、主審の指がぴたりと野球会館の方角をさしたが最後、ハギンスは自動的に十日間の出場停止、給料差し止めを食うからである。

その場面まで私はこの生まれて初めてのスリルにもっぱらわくわくしていた。ところが、突然局面が変わった！ ブレスナハンはベンチをのぞき込み、選手を眺め回した。そしていちばんすみっこの私の目がたまたま監督の目と合ってしまったのだ。

「ベッチャー」と彼はいった。「ハギンスの代わりに一本打ってこい！」

「私がですか？」と私はどぎまぎして聞き返した。監督は「そうだ」とうなずいた。

みなさんご記憶のように、私はツー・ストライクの窮地で人生をスタートしたといった。これが大リーグでの私の初舞台だったのだ。しかも、相手は不滅のマシューソンだ。

ところで、私はグリーンビルからバットを一本持ってきたが、これは私の手にした最良のバットだと思っていた。だが、興奮のあまりこのバットが見当たらないのだ。なんだってまたカージナルスはカロライナ・リーグ全体を上まわるような数のバットを並べ立てておくんだ！すっかりのぼせあがった私は、手あたり次第に一本のバットをつかむと、ホームプレートに歩み寄った。「しまった」と私は思った。「こんな重いバットは持ったことがないぞ」。歩きながら、私はひざのふるえているのがわかり、気が遠くなる思いだった。けわしい峰を歩いているようで、もうどこに向かっているのかも定かでない。

その当時はまだ拡声器がなかった。審判の大声が拡声器だったのである。ハンク・オデーは、私が新顔なので、近づいてたずねた。

「名前は？」

私はあがっていたので、声も出なかった。

「名前は！」

彼は正面から私を見て繰りかえした。

私はもはや、つばさえ飲みこめなかった。そのとき私に背を向け、帽子をとって記者席に

「おーい、ハギンスの代打だとさ！」とどなったハンクのさげすみの表情を、私はいまだに忘れない。

さて私は、この大リーガーという連中がいつもバットの先で靴底の泥をたたき落とすのに気づいていた。そこで――私のクツには泥などついていなかったが、ひとつ大リーガーらしいところを見せようというわけで、打席に入りざま、いかにも無頓着な様子で靴底をバットでたたいた。だが、私は大事なところを見落としていた。それは、大リーガーは打席に立ったあとでは、けっして、〝それ〟をしないということだ。

という次第で、私が靴底をたたきながらうつむいている間に、マシューソンは第三球を投げてしまった。顔を上げてみると、球は頭めがけて真っすぐ飛んでくるではないか。私は身をかがめた。しかし時すでに遅く、球はプレートの真上でかの有名なフェーダウェー・カーブを切っていた。

「ストライク・スリー、アウト」とハンクはどなった。

こうして、大リーグ入りの初舞台がたった一球で三振という、野球史上初の珍記録は生まれた。ベンチに帰る私に、マグローの野次が飛んだ。

「おれの知らないうちに、契約書にサインをする奴があるか！」

ベンチの連中は一人残らず腹をかかえている。なかには芝生をころげ回っている者もある。ブレスナハン監督はダッグアウトの入口に、冷水の入ったコップを手にして立っていた。彼は私をまっすぐ見つめていった。

「ベッチャー、さぁ水だ。私はきみが打席につく前からこれを汲んでおいたんだよ！」

＊

その夜、ホテルでみんなからさんざんからかわれたので、私は食堂に行ったことさえ後悔した。ところが夕食後、意外なことが起こった。ミラー・ハギンスが私をロビーに誘い、「きみの同室はだれかね」というのだ。私は知らないと答えた。まだ部屋をもらっていなかったからだ。すると彼はいった。「じゃ、おれのところへくるか」。「ほんとですか！」と私はいった。ハギンスは帳場に行き、すぐ戻ってくると私にカギを渡していった。

「荷物を運んでこいよ」

のちになってハギンスは、前の同室者がひどいおしゃべりだったといった。つまり私に望むものが何かを語ったわけだ。私は彼の望むものを与えた。そしてこう考えた。

「彼が何を考えているのか見きわめたいものだ」

私はそれを達した。彼はものごとを考え抜く人だったのだ。ハギンスは口数の少ないタイプだった。教育のある人で、大学も出ており、故郷のシンシナティで弁護士をやったこともあった。私はこれほど俊敏でスマートな野球選手には出会ったことがなかった。私は彼から学びたい一心だったが、彼のほうも私の質問に一度もうるさそうな様子を見せたことはなかった。おそらく、私を世界一の聞き手と認めたのだろう。

ともかく、ハギンスとの同室は私にとって幸運このうえもない分岐点となった。そのわけは、もう少しあとでおわかりいただけると思う。

ウィンゴを呼び寄せよう

ところで、グリーンビル時代の同僚、〝レッズ〟ウィンゴはその後どうなったろうか？

彼は当時わずか十八歳で、見事な赤レンガ色の髪の毛と、おびただしいそばかすを持ち、よく笑い——そして私の野球の素質をたいそう買いかぶってくれていた。

私はウィンゴの考える半分でも実力があればと、よく思ったものだ。私が何か〝英雄〟ででもあるかのように、グリーンビル時代、彼は私の行く先々のどこへでもついてきた。初めのうちは、私も悪い気がせず、これがけっこう楽しかった。だが、しまいにはわずらわしくなり、こちらから避けようと努めた。

ところが、グリーンビルを離れてセントルイスにきてまもなく、私はウィンゴのいないことがたまらなくさびしくなってきた。知らず知らずのうちにウィンゴが私の考えた以上の役割を私の野球歴に果たしていたことを、ようやく私はさとった。彼の驚くべき信頼は、私自身を実際の倍もの能力がある人間に思わせることがあった。たとえば、接戦で私がチャンスに打席に立つと、彼はおそろしく興奮して、私が必ずヒットを打つと確信していることを示すのだった。そこで私は考えた。もしウィンゴが一緒だったら、彼はこの大リーガーたちに私がいかに優秀なプレーヤーであるかを吹きこんでくれるだろう。ウィンゴを呼ぶ必要がある！

ちょうどそこへ、とんでもない事故が起きた。カージナルスの三番打者ジャック・ブリス捕手が足を折り、残りシーズン出場不能となったのである。そこでカージナルスはミルウォーキーからケリーという捕手をゆずり受けた。私はケリーのプレーぶりを何日か見たが、ウィンゴに比べるとまるで〝スローモーション映画〟のようだった。

ウィンゴを呼ぶチャンスだ――と私は考えた。そこで私は、ブレスナハンにウィンゴの売り込みを始めた。

「監督、奴は若いけれどいまに指折りの名捕手になりますよ。奴ほどの強肩捕手は見たことがありませんね！」

「ケリーよりいいのか」とブレスナハンはたずねた。

「さあ、ケリーの捕手ぶりを見ていませんので」と私はいった（ケリーはフリー・バッティングのときと、投手のウォームアップ用にしか使われていなかった）。

その後ケリーを見れば見るほど、私は彼がウィンゴの比でないという確信を深めた。私は機会あるごとにブレスナハンにウィンゴの話を吹きこんだ。監督の言葉は、きまって「ケリーよりもいいか」であった。私の答えも「さあ、ケリーのゲームぶりをみていないので」の一点ばりだった。

そのころの私はまったくのベンチウォーマーだった。希望を失った私は、かつての〝自信の育ての親〟を呼ぶためとあらば何ごとをもいとわなかった。ある日私はいった。

「ウィンゴは打てますよ。ぎっちょで打って、たたき込みますからね」

そこで初めて監督が新しい質問をした。

「ファウルの捕球はどうかね」

「それがすごいんです」と私はいった。「奴はテニス靴をはいて守るんです」

「テニス靴？」ブレスナハンはびっくりして聞いた。

「グリーンビルの球場は、スタンドの後ろ半分しか屋根がないんです。だから観客をファウルボールから守るために、スタンドの下から屋根までネットが張ってあって、その真ん中が少したるんでいるんですね。ファウルが上がると、ウィンゴは早速マスクをかなぐり捨ててスタンドにかけ上がり、ネットの上にとび降りると、観客の真上で正確に捕球し、お客は立ち上がって狂ったように手をたたくんです」と私は説明した。

数日後、ブレスナハンはファウルチップを当てて右手の親指を痛めた。医師の診断では二、三週間出場不能とのことだった。翌日、ブレスナハンはどこかへ姿を消した。

さらに十日後、私たちはシンシナティで対戦していた。ゲームの最中、私はスタンドの下からベンチに入るブレスナハンの姿を認めた。彼は新調の立派なスポーツ・スーツを着、右手にはまだほうたいを巻いていた。私はその日三塁を守っていた。その回が終わり、ベンチに戻った私は、ブレスナハンが今までに見せた最も親しげな笑顔で私のほうに歩み寄ってくるのをみて、びっくりした。

「ウィンゴと契約したよ」と彼はいった。

「ウィンゴがくるんですか?」私の声は叫びに近かった。

「そのとおり」とブレスナハンは笑った。

「で、彼をどう思います?」私はすっかり興奮していた。

「今までに見た若手捕手のうちじゃ、いちばんだよ」とブレスナハンはいった。「それはいいがね、ほら吹き君。わしはグリーンビルにまる一週間いたが、奴は一度もネットにかけ上がらなかったぜ!」

社長が会いたいといっている

いまでもその記事の切り抜きを持っているが、そのころ私は三五六フィート九インチ(約一一一メートル)の距離を遠投することができた。それは世界記録まであと一四ヤードの距離、当時球界第二位の遠投記録だということだった。ところが、カージナルスに入団して二年目、シカゴ球場でカブスと対戦したときのことだが、強打で鳴るカブスの外野手フランク・シュルトが三塁線にバントしたのを私は全力で走って捕球し、逆の体勢から一塁に送球した。そのとたん、肩に何かギクリときたのだ。私は二塁手のハギンスに向かっていった。

「こっちのほうにあまり打たせないようにいってくれないか」

「どうしたんだ」とハギンスは聞き返した。

「いま投げたとき、腕がどうかしてしまったんだ」と私は合図した。

そこでハギンスはブレスナハンのところに行き、「三塁を代えたほうがいいですよ。フランクがどこか痛めたらしい」と告げた。そのときはあまり気にもとめなかったが、夜になると私はナイフも持てなくなっていた。

野球選手として、腕を痛めたときほど悲観することはない。翌シーズンも私の腕は復調せず、セントルイスはとうとう私を〝見切り品〟として売りに出した。しかしナショナル・リーグには引きとり手がつかず、私はカナダのモントリオール（インターナショナル・リーグ）に貸し出されることになった。私がハギンスに別れを告げたとき、彼はこういった。

「こわれものの腕を持つ者には、野球はつまらん商売だよ。きみはまだ若くてなんでも覚えられるのに、なぜほかの仕事に変わらないんだね……」

モントリオールでは外野を守った。ところが外野に球がくると、二塁手が走ってきて私の送球を内野にリレーする始末だった。しかも私はそういうときアンダーハンドで送球するのだった！　何週間かして、監督の〝キティー〟ブランスフィールドが私のところにきていった。

「フランク、社長が会いたいといっている！」

社長はリッチェンスティンという名前だった。彼はセントローレンス川にたくさんの持ち船を運航させて、手広く商売をしていた。私が河岸の事務所に行ってみると、社長は両手を後ろ手に組み、うつむいて部屋のなかを行ったり来たりしながら、秘書に手紙を口述筆記させているところだった。社長はたいそう背が低く、ナポレオンに非常によく似ていた。私が黙って立っていると、まもなく社長は私のほうを向いていった。

「フランク君、ここの寒い気候ではきみの腕は回復しないと思う。なにしろ風の強い日が多すぎるからな。そこで、南部へ行ったら暖かい気候できみの腕も回復するチャンスがあると思うのだ。ゆうべ私はブレスナハンと電話で話したのだが、彼らはきみをサザン・リーグのチャタヌーガ（テネシー）にやることに決めたよ」

秘書が私に封筒を差し出すと、リッチェンスティン氏はいった。

「きみの切符と寝台券だ。きょうまでの給料も入れておいたよ」

その夜、私は一晩中まんじりともせず寝台車に揺られていた。私は一人の落ち目の若者としてそこにいた。

チャタヌーガが滞在しているニューオーリンズのセントチャールズ・ホテルに着いた私は、早速、元大リーガーの〝キッド〟エルバーフィールド監督に会った。開口一番、彼はこういった。

「きみはどこが悪いんだね、フランク君」

「腕を痛めたのです」と私は率直にいった。「でも、じきに良くなると思います」

ニューオーリンズはたいそう暑く、私はこれなら腕にもいいだろうと大いに勇気づいた。ところが五日後、チームがチャタヌーガに帰ったとき、〝キッド〟は私にこういうのだった。

「社長が会いたいといっている！」

「いまですか？」

「そのとおり。いますぐにだ」とエルバーフィールドはうなずいた。

私は彼の口ぶりが気に入らなかった。

こんどの社長はパットンという人だった。彼は金持ちで、チャタヌーガ球団のほか、パットン・ホテルを経営し、また南部各地に一連のホテルを開いていた。パットン・ホテルの彼の事務所に行くと、美しい娘が出てきて、社長さんは会議中でお会いできませんといった。そして彼女は私に一通の封書を手渡した。封を切ると、タイプで打たれた手紙で、こう書いてあった。

《貴殿をセントルイス・ナショナル・リーグ球団およびチャタヌーガ球団から即時無条件に解約することを通告する。なお本日までの給与、ならびに契約に基づく十日間の割増し給与を同封する》

だれかにバットで頭を殴られても、これほどの打撃は受けなかったろう。ホテルのロビーをふらふらと出たものの、私は呆然自失してどこを歩いているのかさえわからなかった。しばらくして気がついてみると、私はテネシー川の高い橋の上にいた。雑種の小さな犬が一匹、私のあとをついてきた。この犬ほど同情の目で私を見る相手に私は一度も出会ったことがない。私は橋の手すりに身をもたせかけて泣いた。だれも通る人はなく、私は思う存分泣いた。望みはもはや何もかも失われたように思えた。川を見下ろすと、私のほおを伝わり落ちた涙が、はるか下の川に吸いこまれていくのが見えた。人間というものは自分に絶望したときほど大きな絶望はない。もし自殺を思い立てば、ここほどかっこうの飛びこみ場所はなかった。

そのとき、例の犬は私が飛びこもうと考えているのかもしれないと感じ取っていたのだと思う。前足を精いっぱい上げて私にすがりつき、あわれな弱々しい泣き声を立てていた。私にはその声が、どうぞ飛びこまないで、と一生懸命訴えているかのように聞えた。その犬はまっすぐに私の目を見つめて、私の心を慰めようと努めていた。

あのときの小さな雑種犬ほど私を慰めてくれたものはない。実際、私は気がくじけて、もうだれにも会いたくないと思っていた。私はこの小さな友だちと心ゆくまで泣き叫びたかった。これが純粋種の犬だったらこれほどまでに共感を感じさせたとは思えない。おそらくこの犬は私同様に飼い主のあてがなく、だからこそ私がその朝思っていたこと……だれも相手にしてくれないという悲しみを正確に理解したのだと思う。

しばらくして、私は橋の手すりから離れ、「ドン底の私を助けてくれてありがとうよ」と感謝しながら、この不思議な小さな友だちの頭を軽くたたいてやった。するとそれがわかったのか、さも満足そうに尾を振り、それから町のほうに歩み去る私をじっと見送るのだった。角を曲がるとき振り返ってみると、小さな友だちはやはり私を見守っていて、さあ行きなさい、と促しているようだった。

＊

前の晩泊った例の小さなホテルに帰ると、チャタヌーガの捕手〝ギャビー〟ストリートに出会った。彼はその数年後にセントルイス・カージナルスの監督になった男だ。ギャビーは私がどうかしたことに気づき、「ベッチ、どうした」と声をかけてくれた。

私はものをいう元気もなかった。そこで手紙を手渡すと、彼は驚いていった。「どうしたっていうんだろう。おれはきみをリーグ一の選手と思っていたがなぁ！」

私は生涯ギャビーを忘れないだろう。私は彼から同情以上のものを与えられた。彼は私を電報局に連れて行き、国中のあちらこちらで監督をしている何人もの友人に、自分の出費で電報を打ってくれた。返事は一本だけきた。それはテキサス・リーグのガルベストンからだった。

二日後、私はガルベストンにいた。南部の暑い太陽のおかげで私の腕はよほどよくなり、古巣の三塁を守れるようになった。私は好機によく打ち、得点した。だがある日突然のこと、送球のひょうしに腕がまた〝いかれた〟ことを知った。「これでお払い箱だな」と私は思った。

二日すぎた。監督がやってきた。その顔を見ただけで私は彼が何をいおうとしているかをさとったので、二人は同時にいった。

「フランク、社長が会いたいといっている!」

社長が私を呼ぶのは、そのシーズンにこれで四度目だった。そして四度とも手口は同じだった。私は四つのリーグで四人の主人を持ったわけである。

ガルベストンの選手の一人はいった。「フランク、きみは球界不滅の記録を樹立したよ。なにしろ一シーズンに大リーグから2A、A、Bと着実に下がり続けたんだからな」

こうなれば下があるかぎりは下がれるだろう、と私は考えた。そこで、私が常に好んでいたノースカロライナ州のシャーロットに電報を打った。カロライナ・リーグからセントルイスに移籍した当時、私はそこでちょっとした人気選手だったのだ。返事がきた。

《シャーロットニスグオイデ乞ウ、ファンハ待望ス》

こうしてシャーロット停車場で、私はまた新しい社長――チームのオーナーであるジョージ・ワーンに出迎えられた。ワーン氏は材木商で、商売用の材木のほかに多数の熱狂的な野球ファンをも持っていた。その夜彼らの招宴で、私はタイ・カップかベーブ・ルースかのように迎えられた。私はみなに向かって、調子は上々だが、ただ腕を痛めていること、そのために窓ガラス一枚も割れないことを告白した。

「結構だ」と監督はいった。「送球の必要がないように、一塁をやってもらおう」

翌日、シャーロットの対戦はシーズン始まって以来の大入りだった。私が最初の打席に立つと、観衆は総立ちで声援した。私はついていた。第一球をフェンス越えに二点本塁打したのだ。観衆はまるでシャーロットが優勝したかのような喜び方だった。

三日間は、打つたびに出塁した。四日目、私たちはノースカロライナの州都ローリーに乗りこんだ。暗い、曇った日だった。第一打席、私はバットを振った。打球は手首のあたりに当たり、腕をくじいた。いまや私は野球を〝卒業〟した。わずか一シーズンに、大リーグからDクラス――プロ野球界最低のクラスまで一気に下り続ける〝新記録〟をたてたわけだ。

私の聞き及んだかぎり、私以上に多くのリーグで働き、一年に私以上に諸処方々のベッドで夜を送った人といえば、アメリカの父といわれるジョージ・ワシントンただ一人だ。しかし、私には〝五人の社長〟に呼ばれたという名誉ある記録があるのだ！

オガクズ行列

シャーロットを去るとき、私の腕は回復しまいという意見でだれもが一致した。ワーン氏は、もし翌年帰ってくれれば監督にしてあげようといってくれた。私は岐路に立っていた。私は少し考えさせてほしいと申し入れた。

フィラデルフィアのわが家に帰り着くと、隣りの部屋の娘がすばらしい笑顔で私を迎えてくれた。あまり彼女が美しくなっていたので、別人かと思ったくらいだ。私の記憶する彼女は〝隣りの家のチビ〟でしかなかった。それがいまはこんなに成長している……。驚くべき短期間に、私はこの娘と結婚した。

あれほど打ちこんだ野球を断念するというのは、生まれて初めてのつらい決断だった。ほとんど毎日のように、私は決心を変えた。そうこうするうちに、もうひとつ考えるべきことが起こった。ベビーが生まれるのだ。これで決まった！　私はミラー・ハギンスの忠告に従って、年をとりすぎないうちに野球から身をひくことに決めた。

そうかといって、週給八ドルの鉛管工助手の仕事に戻るわけにもいかないので、自転車に乗って、ある月賦家具店の集金をする仕事についた。ほかにスワースモア大学野球部をパートタイムでコーチする口にもありついた。これは一シーズン三ヵ月で報酬三〇〇ドルの約束だった。こうして何ヵ月かの間、私は自転車にまたがって狂ったように集金にかけ回り、それから市のはずれ約一五マイルのところにあるスワースモア行きの午後二時半の汽車に間に合うよう駅にかけつけるのだった。

三年の間、私は自転車をかって辛うじて一家の生計を立てていた。私はこれといって何も学びとらず、自分の境遇がどれほど変わったのかも気づかなかった。だがそのとき私は、それと気づかない曲がり角で、驚くべき出来事に出会おうとしていたのだ。

それは名高い元大リーグ選手ビリー・サンデーが布教のためフィラデルフィアにきたときのことだ。私はあまり教会に行かないほうだったが、新聞の第一面に「オガクズ行列に数万人」と出ているのを読んで知っていた。全市はわき返るような騒ぎだった。ある晩、私はこういう記事を読んだ。

ある有名な牧師がビリーに会いに行き、「サンデーさん、あなたはいろいろと批評されていますよ。第一、あなたの話は長すぎて、終わりがないということですね」というと、ビリーは微笑してこう答えたというのだ。

「おまけに風呂も長いしね」

あくる朝、私は早起きして自転車にまたがると、ビリー・サンデー集会のために設けられた公園通りの大きな木造の仮小屋に出かけて行った。私が小屋に入ろうとすると、警官が呼び止めた。一万五千人分の座席が全部ふさがって、「消防法により、これ以上一人も入場を認められない」というのだ。

入口のすぐ奥で、一人の受付がこの光景を見ていた。私のがっかりした顔に気づいたらしく、彼はつかつかと私のところにやってきた。「お巡りさん」と、やがて受付は私の腕をとっていった。「この若者のために、もう一つだけ座席があります」

彼は満面に笑みをたたえて、私を中央の通路に案内した。通路には車何台分ものオガクズが敷きつめられていた。あのときの足元のオガクズの感触を、私はいまも忘れない。なるほど、これでも〝空席〟だ！　私が腰を下ろすと、ほどなくビリー・サンデーが話し始めた。そのときの話を、私はほとんど一語一語再現することができる。

「数年前のことですが、私はホワイトソックスの選手たちとシカゴの町を歩いていました。日曜の午後でした。私たちは一軒の店に入って、痛飲しました。店を出ると、私たちは舗道のふちに座りこんでしまいました。通りの向こう側で、数人の男女が楽器をかなでて賛美歌を歌っていました。それは私が幼いときアイオワの丸太小屋で母がよく歌っていた歌でした。聞くうちに、私はすすり泣きを始めました。すると一人の青年がきて声をかけました。〝これから教会に行きますが、ご一緒にどうですか。きっとお気に入ると思いますよ。酒乱から救われた人の体験談や、赤線街から救い出された娘の話が聞けますよ〟……。私は立ち上がっていました。〝潮どきだ。おれは勝利チームに合流するよ。神さまと一緒にやるんだ〟。私は仲間たちに背を向けました。何人かは笑い、何人かは私をさげすみました。しかし、なかの一人は私をはげましてくれたのです」

ビリー・サンデーは、私がそれまでに経験したことのない、わくわくする話をした。彼は、なぜ月給五〇〇ドルの野球選手生活を投げうって、月八〇ドルのＹＭＣＡの仕事にたずさわるに至ったかの体験談を話して聞かせた。彼はまさに生きた発電機だった！　胸をたたき、上着、カラー、ネクタイを次々にはぎ取って床に投げ捨てるのだ。そしてイスの上に飛びあがり、まるで本塁に滑りこむ走者のように、恐ろしい勢いで床に突進した。

最後に、ビリーが演壇から身を乗り出して会衆に「こちらにきて私の手をつかみなさい」といったとき、私はオガクズ行列の先頭を切っていた。私が手をつかむと、彼は微笑していった。

「あなたに一生恵みがありますように」

私はその日、かつて覚えたことのない新しい勇気と信念をもって家に帰った。

「おれは勝利チームに入ったのだ！」

……その後まもなく、スワースモアでゲームをしていたときのことだが、体育委員会のチャールズ・ホッジ委員長がスタンドから降りてきて私と並んでベンチに座った。彼は私がサインを使ってチームの采配をふるうところをしばらくの間見学していた。それから彼はたずねた。

「フランク君、ご商売は？」

私は月賦家具店の集金をしていることを話した。すると彼はいった。

「一度、私の事務所にきたまえ。ゆっくり話をしよう」

ホッジ氏はフィラデルフィア・フィデリティ生命保険相互会社という全国的大会社の重役をしていた。あくる朝、私は彼に会いに行くため、ひまを見つけた。彼はいくつもの質問をしたあとボタンを押して、秘書にカール・コリングス氏を呼ぶよう命じた。コリングス氏は同社のフィラデルフィア支配人だった。

二週間後の月曜日の朝、私は日曜の晴れ着姿で家を出た。私はもう自転車に乗っていなかった。私は保険外交員になっていた。

会社は目をまるくした

外交員を始めてまもなく、会社は私に目をまるくした。会社は私のように多くの訪問をして——しかもいっこうに契約をとってこない男というものが理解できなかったのである。

十ヵ月間、気落ちのする毎日が続いたあと、コリングス氏はこれにたいする答えを決定した。つまり「私はセールスマンに向いていなかった」のである。そこで私は給与前払いを止められてしまった。つまり三球目のストライクだ。私はアウトになった。

そのころになって、古い病気がぶり返してきた。私の想像では、これはカージナルス時代にあまり長くベンチに座りづめだったことから起こったのだと思う。ある日のこと、ハリー・プリュッツマン——私たちの事務所の半退職の職員で、私には最も親身になってくれた人の一人——が、どこか具合が悪いのではないか、といった。私が調子の悪いことを打ち明けると、彼は古くからの友人で、有名な外科医のジョン・ディーバーの診察を受けるようすぐに手配してくれた。ディーバー医師はすぐ手術する必要があると診断し、二、三週間の入院が必要だとして、私をランクノー病院に入院させた。ほとんど無料の診療であった。

ドン底……しかも、私はこのにがい薬を二錠も飲まねばならなかったのだ。手術後、ベッドに横たわった私は間断ない苦痛に襲われ、気力もかつてないほどに衰えていた。思いがけない腕の故障が私を――しかもようやく自分の力量を見出した私を――閉め出した野球生活終末のあの悲劇の日々が、次々とよみがえってくるのだった。

なぜなのだ……? なぜなのだ……? と私は自分に向かって繰りかえした。僚友のミラー・ハギンスは、いまではヤンキースの監督となり、裕福な暮らしをしている。ところがこのおれは……おれは二十九歳の元プロ野球失格者で、職もなく、負債は日々にかさみ、することなすことすべてが失敗だ。勝利チームに合流したという私の信念は、いまや消えうせていた。

私は苦悩のあまり、もはやベッドにじっとしていられなくなった。四日目に、私は起き上がり、小さなスーツケースをさげて忍び足でホールに降りて行った。多忙な看護婦たちは、階段をそろりそろりと降りて人混みの病院を抜け出す私の姿に気がつかなかった。タクシーを拾って家に帰る途中、私はひどい痛みに苦しんだ。帰ってみると家にはだれもおらず、二階のベッドにたどりつくのがやっとだった。

だが、数日たつと、私は求人広告を頼り頼り、職をさがして街を歩き回った。だれも相手にはしてくれなかった。私のからだでは当分自転車に乗るのも無理と思えたが、絶望のあまり週一八ドルのケリーの集金人に戻ることを試みてみた。だが驚いたことに、ケリーさえ冷たく私をはねつけたのだ。

その日の午後、私はスワースモアに出かけて行った。私はそこに十日もご無沙汰していた。雨が降りだしたので、主将のジャック・リファートが私に向かっていった。「コーチさん、チームの連中を部屋に入れて話をしてやってくれませんか」。私はこれらの選手個々には打法や守備、走塁について話したことがあったが、全員をまとめて話したことは一度もなかった。

私たちは大きな教室に入った。話し始めて数分とたたないうちに、私は急に恐怖に襲われ、話を続けることができなくなってしまった。私は教室を飛び出した。主将があとを追ってきた。「どうしたんです」。彼は声をころしていった。私はありのままを話した。「あがってしまったんだ。大勢の前では話せないんだよ。これ以上もう続けられない」

ジャックは教室に帰って行った。私は待たずに家へ帰った。これでおしまいだ、と私は思った。ジャックはパーマー教授にきょうのことを話すだろう……。

翌日、私は解雇を予想してスワースモアに行った。ジャックに会うと、彼はいつものとおり快活だった。私はたずねた。「ジャック、教室の仲間に何といって説明したんだね」。ジャックはにこにこしていった。「コーチはちょっと薬を飲んだのだといっておきましたよ」。私は感謝のあまり、彼を抱きしめてやりたかった。

けっきょく、私は臆病だったのだ。臆病のあまり、人にも面と向かえず、職も求められなかったのだ。私は早くこれを克服しないと、何かたいへん具合の悪いことが起こりそうだと感じた。私はYMCA本部に行き、このことを話してみた。そこで私はたまたま弁論講座が開かれていることを教えられた。人びとは、それに入れば私の悩みも急速に解決するだろう、と請け合った。私は教授のデール・カーネギーに紹介された。

カーネギー氏のいうには、講座はもう半分ほど進んでいるが、二ヵ月後には新しい講座が始まるので、それに入会するのがよかろうということだった。

「いや、いますぐに入会したいのです！」と私はいった。

「結構だ！」とカーネギー氏は微笑し、大きくうなずいた。

ところで、ここで驚くべきことが起こった。カーネギー氏は教室の一同に向かって、熱意についての示唆に富んだ話を始めた。

「私は頭も白くなり、力も衰えているが、それでもなお人びとを目ざめさせ、自立させるために……つまり困難に打ち勝たせようと微力を傾けている」

聞きながら、私はジョンズタウンの監督バート・コンのことを考え続けていた。それはまるでバート・コンの話を改めて聞いているようだった。

その夜はあまり眠れなかった。私は熱意ひとつでいかにDクラスのリーグから大リーグに進めたかを考え続けていた。私の野球生活をほとんど挫折させかけたあの誤りが、いまではセールスマンとしての私を失敗に導いたのだ。これは改めて学び直すべき教訓ではないか！

セールスマンに向いていないと認めたばかりの男が次の朝事務所に入ってくるのを見て、コリングス氏がどんなに驚いた顔をしたか、ご想像ねがえるだろうか。私はただひとこと、こういった。

「コリングスさん、いい考えが浮かびました。もう一度機会を与えてください」

彼はしばらく私の顔をじっと見ていた。そして私の目に輝きを認めたのだろう。彼はいった。

「よかろう、ベトガー君。一ヵ月分の給与前払いを認めてあげよう。きみの名案を実証するにはこれで十分だろう？」

「一ヵ月もかかりません」と私は請け合った。

奇襲をかけろ

その朝、早速、私は最初の勧誘に出かけた。ニューヘイブンでの最初のゲームの前と同じ緊張をおぼえた。「おれはこの相手に、今まで見たことのない熱心な外交員だと思わせなければいけない」

こちらが始めようとすると、相手は最初から興味がないという。今までなら、ここでたちまち退散するところだった。だが、こんどは猛攻撃にとりかかった。私は気合いの入った男になるよう努めねばならなかったのだ。私はいった。

「あなたはいつか年老いた男をもてあますようになるでしょうが、しかしこの年老いた男はやがてあなた自身なのですよ。フォワード・パスにとりかかるべき時期は、まさにいまです！」

〝フォワード・パス〟といいながら、私は頭上に手をかざして、フットボール選手がパスを投げるときの仕ぐさをしてみせた。話しながら私は、相手が私のおしゃべりをさえぎって、さあ、どうだろうかね、と口をさしはさむことを予期していた。しかし相手は一度もそうせず、ただ質問をしただけだった。そして最後に、彼は加入してくれた！　彼が小切手で一年分の前払いをしてくれたとき、私は大声で叫び出しそうになった。

興奮のあまり、私はすぐ会社にとってかえし、コリングス氏のデスクに加入書と小切手を並べてみせた。これ一件の手数料で、コリングス氏が私に割り当てた一ヵ月分の前払い給与を十分にカバーできるのだ。彼はあっけにとられて「一体どうやったのかね」と聞いた。私がわけを話すと、彼は目をまるくして聞いていたが、やがて「その話をこんどの月曜の朝の会議で、もう一度話してくれないか」といった。

その夜私は、フィラデルフィア広しといえども自分ほど勝利の歓喜に酔っている男はあるまいと思った。恐怖はいまや消し飛んでいた。恐怖を克服したことが自分でもわかった。私はいまや新しいフランク・ベトガーだった。

*

聴衆を前にして試みた話のうち、いまでも忘れられない思い出の一つとなっているのは、その数日後の夜、弁論講座で話をしたときのことだ。私は保険会社に戻ってもう一度の機会を頼みこみ、野球での経験と同じ気合いをセールスにも試みて、見事、最初の勧誘に成功した話をした。私はこれがなぜ生涯の最大の大勝利の一つであったか、そして数日前には職もなく、だれにも相手にされず、いかに失敗のドン底にあったかを話した。カーネギー氏も教室の全員も、私同様に興奮し、喜んでいるようだった。

講座が終わったあと、講座の一員で不動産業界の成功者でもあるホレス・グロスキン氏が私のところにやってきて、彼と一緒に〝四分間講演者〟の奉仕に加わらないかと話しかけてきたのには大いに驚いた。当時すでに米国は第一次大戦に巻きこまれ、政府は演説者の組織をつくって、これを〝四分間講演者〟と名づけていた。これらの人びとは大衆集会や工場、教会、劇場などに派遣されて、政府のいろいろな声明を伝えたり、戦時公債を売ったりするのだった。そしてグロスキン氏によると、演説者の人数が不足しているということだった。

「グロスキンさん、私はこの教室以外では一度も演説の経験がないのですよ」と私はいった。

「私だって同じことさ」と彼はいった。「だが、演説者の人数が足りず、いまやっている連中もあまり熱心でないという話を聞いたのでね。一つやってみようじゃないか。いい経験になると思うよ」

当時私は毎朝、風呂場の鏡にはりつけた縦横三インチと五インチのカードの文句を読むことにしていた。その文句はこうだった。

――恐怖征服法。規則第一……汝の恐れることをなし、その実りある体験の記録が得られるまでこれを続けよ。

私は考えた。「この規則を行動に生かすよい機会だ。しかも同時に戦争に微力を捧げることもできる」

次の朝、グロスキンと私は四分間講演者本部に出向いて志願した。私は初仕事として近隣の映画館に派遣された。この最初の夜は、意識が喪失するような思いをした。別の晩は、ウェスト・フィラデルフィアのかなり大きな映画館に派遣された。トロリーバスで出かけて行く途中、有名な演説者で詩人でもあるジョン・デニス・マホニー氏と出会った。私はあるときYMCAで彼の演説を聞いたことがあった。私は自己紹介して、彼の助言を求めた。私は、いつも映画館の入れ替えのとき話をさせられるので、館内がざわついていてだれも耳をかしてくれないという事情を説明した。そして、どうすればこれを克服できるか、彼の意見を求めたのだ。すると彼の助言というのが、

「奇襲をかけろ」という奇想天外なものだった。

「といいますと?」と私は聞いた。

「何か相手のどぎもを抜くことをいうのだよ」。こういって彼は一つの例を話してくれた。

「三七度もある暑い夏のある日曜日のこと、名高い牧師ヘンリー・ウォード・ビーチャーが正面入口から教会に入った。彼は顔や首を大きなハンカチで拭きながら、ゆっくりと中央通路を通って行った。祭壇に着くと、彼は振り返って会衆を見渡し、相変わらずひたいのあたりを拭きながらこういったのだ。〝おっそろしい暑い日じゃねえか〟。それからちょっと間を置いて牧

師は続けた。〝と、入口でだれかがいうのを聞きながら、わしはここに入ってきたよ〟。……これで会衆は暑さもすっかり忘れ、熱心に牧師の説教を聞いたというのだよ」

映画館に着いたとき、私はどうやって〝奇襲をかける〟か構想を練り続けていた。私はステージに通ずる階段の真ん前の席に腰を下ろした。ちょうどそのとき映画が終わった。私はステージに飛びあがり、コブシを頭上高く振りあげて一声叫んだ。

「カイゼルくたばれ！」

これは効きめがあった。だれもが弾丸に当たったようにびっくりして足をとめた。そこで私は続けた。

「と、入口でだれかがいうのを聞きながら、私はここに入ってきました」

私は無事、四分間講演を進め、観客は終始これを聞いてくれた。私は一段と勇気が出た。

＊

それから数日たって、私は四分間講演者本部で、ある小さな工場の昼休み時間に講演する任務を受けるため待機していた。そこへワシントンから急に電話がかかり、チャールズ・シュワブ陸軍長官が緊急会議のため当日に予定されていたバッド社での一万六千人の労働者相手の講演に出られないと連絡してきた。当時、シュワブ長官は大統領につぐ米国有数の有名人だった。

「さあ弱った。どうしたものだろう」という声が聞こえた。「代わりを探すさ。シュワブに代わる最適任の講演者を見つけるんだよ」と別の一人がいった。「しかし時間がない。いまからではおそすぎる。労働者はシュワブ氏の話を聞きに、もう工場の外に集まっているのだ」

それからどうなったか……。気がついてみると、私は旗をなびかせた美しい新型キャデラックのオープンカーに乗り、前後を警察のオートバイに守られ、サイレンを鳴らしながらブロード・ストリートをひた走っていた。この車には数人の市の役員が同乗していたが、だれ一人私の名前を聞こうという手間さえかけなかった。路上の交通は全部止まり、そのなかを私たちは時速六〇マイルで飛ばした。

バッド社の工場に着いてみると、飾りつけのある壇の上で、一人の傷病軍人が演説しているところだった。彼はフランス戦線から帰還したばかりで、片腕を失い、顔にはほうたいを巻いていた。彼は、かの戦場で米国の傷兵がどんな苦難を味わっているかという、胸のはりさけるような体験談を話していた。そして次にバッド社の副社長リオ・ハインツ氏が聴衆に私を紹介した。彼は、シュワブ氏がよんどころない事情でワシントンを離れられず、代わって四分間講演者の一人であるベトガー氏が話をしてくださる、と説明した。

私は、聴衆が私の登場にすっかり失望したことを感じ取った。話し終わったとき、私は九回満塁で三振を食らったような感じを味わった。行事が済んで聴衆が工場へ帰り始めたあと、私が壇を降りると、一人の男が近寄ってきて私の手を握りしめた。だれだとお思いだろう。それはボーエル・マッカーシー――〝レッズ〟ドナヒュー・サルーンと対戦して勝ったマクダニエル・サルーンの、あの〝球場すずめ〟だったのだ。彼は礼儀正しくいった。

「いい話だったよ、フランク」

「やあボーエル、この工場で働いているのか」と私はいった。

すると彼はニッコリ笑って答えた。「ああ、戦争でとうとうつかまっちまったよ」

この男を正業につけるのに、世界大戦を必要としたとは！

さて帰ろうと、旗を立てた豪華なキャデラックを探すと、車はもう立ち去ったあとだった。私を待つ手間も省いて帰ってしまったのだろう。私は町角まで行って帰りのバスに乗った。揺られながら私は考えた。「満塁で三振したって不思議はないさ。ポロ・グラウンドでクリスティ・マシューソンを相手にミラー・ハギンスの代打をやらされたときより、こんどのほうがよほどおかしいのだ。おれは週前払い給与三五ドルの安セールスマンだ。ところがそのおれをいきなりベンチから呼び出してチャールズ・シュワブの代打をやれという。シュワブといえばベスレヘム製鋼会社の社長で、年俸百万ドルを受け取る世界ただ一人の男じゃないか。これがこっけいでなくて、何がこっけいだろう！」

私は鉛筆を取り出して計算してみた。すると、これはこれは……。シュワブ氏の三時間分の給料は、私の一年分を上まわるのだ！

恐怖を征服し、勇気と自信を培うために私が発見した最も重要な規則はこうである。

――汝の恐れることをなし、その実りある体験の記録が得られるまでこれを続けよ。もしこの規則を知ることがなく、四分間講演者に志願することでみずからこの規則の実行に努める機会を得なかったならば、私は公衆に向かって話すという生涯で最も実りある体験の一つを知らずに過ごすことになったであろう。

――みずからの悪事を恐れよ。他に何ごとも恐れる要なし（フランクリン）

スマッツ将軍の話

チャールズ・シュワブの代打役をつとめた直後、私はホレス・グロスキンに会った。グロスキンは私を〝四分間講演者〟に志願するよう説きふせた人だが、彼自身は短時日の間に四分間講演者のスターの一人になっていた。私がかの年俸百万ドルのシュワブに代わって出て〝三振〟した話をすると、彼は腹の皮がよじれるほど笑った。

しかし彼は、以後の私の話術に急激な変化をもたらした一つのアイデアを与えてくれた。彼がなぜフィラデルフィアの四分間講演者きっての最高の戦時公債売上高を記録したかの秘訣――これがその話の内容だった。それは〝銃後〟と〝戦線〟の実際の出来事について話すことであった。

翌日、ある小工場の昼休み時間に、私は早速これを実行してみた。私の前には二六人の労働者が機械の上に腰を下ろしていた。話し始める前、私は機械の前面の床にチョークで太い線を引いた。それから労働者に対面してベンチの上に立ち、しゃべり始めた。

——皆さん、これから四分間だけお話しします。……連合軍が絶体絶命の危機に立たされたまさにそのとき、サウスウェールズの炭鉱労働者がストライキを宣言しました。その結果はどうなったか。海軍は石炭なし、そして軍需品を作る工場からも石炭がなくなりました。これはたいへんな打撃です。なにしろ、貯炭は十日で切れるのですから！　そこで南アフリカのヤン・スマッツ将軍——ご存知のとおり大英帝国の最も名高い指導者の一人ですが——が炭鉱労働者に訴えるため現地にかけつけました。その話を、私は一生忘れないでしょう。将軍はそのときの話をこう書いています。

私は翌朝早くカーディフに着いた。すぐ炭田に出かけて行った。カーディフから炭田に至る路上には終始スト労働者が立ち並んでいた。ようやくのことで私はスト中心部のトニアパンディに着いた。怒りに燃える数千人の労働者が大群衆をなしていた。私は彼らに向かって話した。「皆さん、ご承知のように私は遠方からきました。私は戦争に微力を捧げ、皆さんに現在の難局についてお話しするためにやってきたのです。ところで、私は郷《くに》でウェールズの方々が世界でも指折りの歌い手だと聞いておりました。そこで、私の話を始める前に、皆さんの郷の歌を一つ歌っていただけないでしょうか」

すると、大群衆の後ろのほうでだれかが〝わが父祖の地〟を歌い出した。たちまち、全員がこれに声を合わせた。歌が終わり、みな立ちつくしたままの光景を眺めたとき、私はこれで万事済んだと思った。その場のふんいきが、ずっと和らいでいた。そこで私はいった。「さて皆さん、今宵私は多くを語る必要がありません。西部戦線の現状はご承知のとおりです。皆さんの何万人もの仲間たちが、いかに生命の危機を賭して戦っているかもご承知のとおりです。そしてこれもご承知のとおり、戦線はフランスに限らず、どこもが、そしてここもまた戦線なのです」。これが私の話した全部だった。私の話はわずか数分間で終わった。私は次の集会に行き、同じ話をした。そしてその夜おそく、ロンドン行きの汽車に乗った。ロンドンに着くと、内閣の面々が私のところにきていった。「どうしたということでしょう。全員職場に復帰しましたよ！」そこで私は答えた。「そうですか。それは初耳だな」

ここまで話し終えると、私はグロスキンの教えに忠実に従った。私はこう語った。「さて皆さん。ご承知のとおり、かの地におとらず、ここもまた戦線なのです。皆さんのうち、はたして何人がこの白線を越えて戦時公債に署名してくださるでしょうか」

早速一人が機械から飛びおりて白線を越え……そして他の二五人もたちどころにこれにならった。その後も私はこの話を一言一句そらでいえるまで語り続けた。そしてそのつど魔術のような効果を収めた。

戦争が終わったあと、私は米国有数の大セールスマンであるクレイト・ハンシッカー氏の〝猟犬〟となって、市場開拓調査に当たった。ほどなく私は彼の成功の重要なカギを知ることができた。彼は話術でセールスに成功したのだ。彼は聞き手に人間的興味を呼び起こす話術の名手であった。

ある日、彼にこのことを聞いてみた。すると彼はこう答えた。

「セリングとは、きみ、広い意味の話術だよ。売ろうとする〝商品〟についての話術だ。売り手は自分の創意を行動に移すわけだな。つまり脚色だよ！」

私はなおたずねた。

「いそがしいビジネスマンたちが、あなたのためにあれほどの時間をさくのが不思議でしかたがないのです。みんな夢中になって耳を傾け、時間のことをすっかり失念したように見えますものね」

「その秘訣は」とハンシッカー氏はわけを語った。「彼らの状況、いいかえれば彼らの直面する問題にぴたりと即応した話をすることだよ。だから、みんな解決策を聞き出そうと一生懸命になるのだ」

この方法は、セールスマンとしての私、そしてのちに講演や著述をするさいの私に非常な寄与をなした。また私は、相手に語らせるのもこれにおとらず重要なことだとさとった。それには機転のきいた一、二の質問をすることである。たとえば「ドゥーアさん、じゅうたん業をお始めになったきっかけは？」というように。

この種の質問は常に相手に喜ばれるものだ。私はこう信じている。つまり、こちらがいくらしゃべってみても、相手に彼自身のことを話したいと思う半分の興味も与えることはできない。むしろ相手にしゃべらせることによって、こちらからは質問をはばかるようなこともいろいろと話してもらえるものだ——と。

こうしたロマンチックな身の上話を聞くうちに、私は人生について、また人間について多くのことを学んだ。それは胸のわくわくする、また示唆にとんだものであり——つまりそれ自体が教育だと私はさとった。

第二部　いかにして私のラインアップを変えたか

世界で最も尊敬すべき人が発見したアイデア、
私の全生活に革命をもたらした偉大なるアイデアとは……

フランクリンの成功の秘密

デール・カーネギーは、ある晩教室で一冊の本を手にしながら、「すべての人がこの本を読むといいんだが。しかも数回読みかえせばね……」と語りだした。本の名は『ベンジャミン・フランクリン自伝』といった。カーネギーは、「これは今まで出版された書籍のうちで、最も有名にして、最も人を鼓舞する本です」と語った。

カーネギーはまた、フランクリンが学校に二年間行っただけで、十歳のときから働き始めた貧しい少年だったこと、フィラデルフィアで小さな印刷業を営んでいたころ膨大な借金をかかえたが、そのとき立派な実業家になるためのあるアイデアを思いついたことなどを教えてくれた。このアイデアによって、フランクリンは失敗から成功へと引き上げられ、裕福となり、この世で最も賢明な人の一人となったのであった。

カーネギーによると、このアイデアは至極簡単なものだという。しかもだれもがこのアイデアを利用できるというのだ。

フランクリンは一三の信条からなる計画を考え出し、それぞれの信条にその意味を十分表現する短い教訓を書きそえた。彼は四六時中小さなノートを持ち歩き、手離すことがなかった。そして、各信条に一頁ずつを割り当て、自分の成功と失敗を丹念に記録した。彼はこれらの信条を一度に実行しようとせず、一つの信条については一週間の間、十分な注意を払い、これが終わったら順次つぎの信条に移るというふうにやることにした。彼が立てたのは一三信条であり、一年は五十二週だから、一年間で各信条について四回ずつ実行できるわけである。一つの信条にまる一週間専念できるので、フランクリンはまもなく自分の集中力——物事を徹底的に考える能力が高まっていることを発見した。

それから半世紀後、彼の驚くべき生涯が終わりに近づいたころ、フランクリンは自分の成功と幸福が、このアイデアに負うところ大きいことを明らかにし、「私の子孫の何人かがこれに範をとり、利益を受けるよう希望している」と書きしるした。

以上のことは、私にはなんだか気まぐれのように聞こえた。というのも、私はそれまでフランクリン自伝というものがあるということすら耳にしたことはなかったし、フランクリンについては凧を飛ばしたことを除けばなにも知らなかった。しかしYMCAが小売価格よりもはるかに安い値段でこの本を入手できるよう取りはからってくれたことからも、なにか意味があるに違いないと考えた。そこで私は一冊買い求めた。値段はわずか一ドルだった。

カーネギーの話を聞くうちに、「一介の元野球選手でもやれるかもしれない」という気狂いじみた考えが私の頭に浮かんだ。

私の古い同宿人ミラー・ハギンスが、ニューヨーク・ヤンキースの監督に任命されたとき、このチームは敗北チームだった。ハギンスが最初に打った手は、ほとんどあらゆるポジションにベーブ・ルース、ルー・ゲーリッグ、ボブ・ミューゼル、ウェイト・ホイトらの新人選手をすえ、ヤンキースのラインアップを変更することだった。この新しいラインアップにより、ヤンキースは失敗から成功へ抜け出ることができたのである。ヤンキースは三年のうちに最下位から首位にのし上がり、アメリカン・リーグのチャンピオンになった。

そのとき私はひとりごとをいったものだ。「フランクリンの場合とまったく同じではないか。彼は印刷業で負けいくさをしていた。彼も自己のラインアップを変えようと決意した」と。

私はフランクリンの計画——十三週間計画をやってみようと決意した。私の選んだ〝ラインアップ〟はフランクリンのそれに似たものだった。しかしまず最初に、私はこれを外交販売だけに限ってやってみた。フランクリンの一三信条のうち、私は六つだけを選んで採用し、他の七信条は私の商売の助けになるようなものに代えた。私は三インチ、五インチ四方の索引カードを揃え、一枚につき一信条ずつ大文字で印刷した。やがて何年か経ち、私はフランクリンがやったように、私の立てた信条を毎日の生活に役立つように改めた。

「自分の〝ラインアップ〟を変えることは、ヤンキースのやり方、つまりそれぞれのポジションに最上のプレーヤーを配置して勝たせるやり方を採用することに似ている」と私は考えた。

それからゲームの組を作ったわけだが、これはなかなか面白く、私を熱中させた。つまり再び野球に復帰したも同然だった。

　私はフランクリンがやったように、それぞれの信条に一週間十分な注意を払って、このアイデアを実行した。それからまもなくして、私自身次第に自信を深めていることに気づいた。私はいまや成功を収めつつあることを知った。一週間が過ぎるごとに、商売と生活の両面で成功していることがわかってきた。

　この計画に私の心はおどり、だれかと話し合いたいという気待ちを禁じえなかった。私はフランクリンがしたように、うまくいったことを秘密にしていた。家族や友人から物笑いのタネにされることを恐れたのだ。しかし、ミラー・ハギンスに対してならこのことも話せそうだ。彼自身ヤンキースのラインアップに関して同じようなことをした経験があるので、私のいうことを理解してくれるだろう。私に野球から足を洗い、あまり遅くならないうちに、なにか仕事を始めたほうがよいと忠告してくれたのも彼だった。

　そこで最初の十三週間が終わったので、私はある土曜日の朝、ポケットに一三枚のカード（私がポケット・メモと呼んでいるもの）を持って、汽車にとび乗った。ハギンスと会うため、ニューヨークに向かったのだった。

秘密の成分

ニューヨークに着いてまもなく、有名なポロ・グラウンドのクラブハウスで、旧友に会えたことはうれしいことだった。ヤンキー・スタジアムが建てられる前のことであった。「ハグ、ぼくはきみが作ったヤンキー・システムと同じシステムを採用することにしたよ」というと、彼は怪訝《けげん》そうな顔をして、「なんだって?」と聞き返した。

私は、入院したこと、からだが弱って失職したこと、新しいヤンキースのラインアップから学びとるものがあったことなどを説明した。さらに私は続けていった。

「生涯であのときほど味気なく、しかも元気がなかったことはなかった。しかしいろいろ思いめぐらした末、きみがやってのけたことに勇気づけられたのだ。そして自分に必要なことは新しいラインアップだということに気がついたのだよ」

私はハギンスにポケット・メモを見せながら、彼の計画とフランクリンの計画を比較してメモを作ったことや、このメモがいかに私の生活に影響を与えているかなどについて説明した。彼がメモの一枚一枚に目を通している間、私は彼の顔をじっと見つめていた。そのとき私の目に入ったのは、彼の顔と大きな口もとだけだった。メモを返すときも、彼はまったく反応を示さず、立ち上がりながら次のようにいった。

「そろそろグラウンドに行くよ。試合前にエキシビションをやることに急に決まったのだが、きみにも面白いかもしれない。試合が終わった後また会おうじゃないか」

当時は不死身のベーブ・ルースが七二九本のホームラン（うち一五本はワールド・シリーズにおけるもの）を打って、他の追随を許さぬ世界記録を作ったころだった。このため、新しいタイプのファンがポロ・グラウンドに姿を見せるようになった。一塁がどこにあるか知らないが、ベーブ・ルースのことを耳にし、彼がホームランを打つ姿を見たいというファンで、ベーブ・ルースは一躍、国民的偶像となった。

この日もフリー・バッティングのさい、ヤンキースのある投手がスピード・ボールを投げると、ルースは豪快なスウィングで、フェンス越しにたくさんのボールを飛ばした。これを見た五万のファンは大いに喜んだ。センター後方四四一フィートのマークを越えたときには、両軍選手も立ち上がり、観衆と一緒になって拍手を送った。

しかしその直後に驚くべきことが起こった。美しい若い女性がホームプレートの方へ歩を進め、観衆に紹介された。英国の女性オープン・ゴルフのチャンピオン、ジョイス・ウェザレッドで、彼女は世界的に有名だった。この美しい女性が一メートル八八センチの巨漢ベーブ・ルースと握手したときには、彼女は子供のように見えた。スタジアムのなかのこの二人だけが、これから行なわれようとしている〝離れわざ〟を知っている。いな、ルースさえも知らなかった。

ジョイスはバッター・ボックスに入り、かがみこんで、小さな木製のティーの上にゴルフのボールをのせた。ルースからゴルフ・クラブを受けとると、彼女は二回ばかり軽く振ってみた。その直後、彼女の飛ばしたボールは右翼後方のフェンスをはるかに越えた。さらに二度目のボールは、センター後方のクラブハウスの屋根を越え、大西洋に流れこむハーレム川に向かってフルスピードで飛んでいった。

ゲームの後、私は再びハギンスに会ったが、そのとき彼はこういった。「ジョイスのボールが大スラッガーであるベーブ・ルースのボールより遠くへ飛んだのをどう考えるかね」

「実に驚くべき出来事だったよ。答えは何だろう」と私は聞き返した。

するとハギンスは、にやりと笑いながらこういった。「ゴルフ・ボールは野球ボールの二倍飛ぶように作られているからさ。秘密はその成分にあるんだよ」

さらにハギンスは私にとってはダイナマイトにも等しいアイデアを紹介してくれた。

「きみ、バート・コンがジョンズタウンできみを解雇したとき、その解雇のなかに〝秘密の成分〟が入っていたのだよ。この成分のおかげできみは大リーグに入れた。その後野球に失敗はしたが、保険の商売に入れたのもそのためで、きみはいま保険外交員となっている。もしきみのカードに書かれている一三信条の一つひとつにこれと同じ〝不思議な成分〟を適用すれば、きみは米国で最も偉大な保険外交員の一人となることができるだろう」

このアイデアは私に電撃的ショックを与えた。これはまさに私の計画に火をつけるのに必要な火花だった。罐（俗語で〝解雇〟を意味する）にダイナマイトをつめたのはバート・コンだが、これを爆発させるにはハギンスが必要だったわけだ。

私の〝ラインアップ〟（一三信条）は次のとおりである。

一、熱意　二、秩序（みずから組織すること）　三、他人に尽くせ

四、疑問　五、沈黙（傾聴）　六、決断　七、倹約　八、誠実

九、賞賛と批判　十、健康　十一、幸福　十二、謙譲　十三、信仰

人生を十年長く延ばす方法

その夜遅くニューヨークから帰宅したとき、私はフィラデルフィア中でいちばん興奮していた。ベーブ・ルースをはじめヤンキースの選手の多くは、各所でファンたちに囲まれてだべっていたが、ハギンスは偉大なるアイデアを爆発させたのである。このアイデアはついぞ私の頭に思い浮かばなかったが、ハギンスの頭には閃光のごとくひらめいたのである。

翌朝はいつもより三十分早く六時に出かけようとして、目ざまし時計の針をこの時間に合わせた。フランクリンが採用した方法よりもっと上手なやり方で、例の一三信条のそれぞれにダイナマイトをしかけるにはどうしたらよいかということを考えた。フランクリンは、早起きす

る者は一般に長生きし、成功率も高いということを発見した。そこで彼は朝五時に起きることにした。こうして生活に一日二時間ずつが追加されたわけだが、同時に自分の生涯も延長されると彼は信じていた。彼は八十四歳まで生きたが、当時の平均寿命を三十年も越えていた。

私の母は、五人の子供の世話をするため、毎朝五時に起床しなければならなかった。毎日仕事に出かけるほかに、洗濯とアイロンがけをしなければならない日が何年間も続いた。重労働によって人間の寿命が縮まるものならば、母は五十歳までも生きられなかっただろう。しかし母は八十三歳で亡くなるまで至極健康だった。

そこで私は六時起床を決意したのである。初めはこんなに早い時間にベッドから出るのはつらかったが、しばらくして、ちょっとした秘訣を思いついた。つまり、ふとんから片方の足先、次いですねを出し、次に他方のすねを出すと起きられる。やがて六時には自動的に起きられるようになり、目ざまし時計はまったく不要となった。

朝の一時間半が私にとってどんなに重要であったことか。この時間は一日のうち最も気分のよい時間で、心のうちは晴々としている。家のなかも静かである。私は『税と保険通信』を購読しながら、それを読む暇がなかった。しかし、六時起きするようになってから、朝のさわやかな一時間にこれを研究するようになった。まもなく、このコースを終え、新しく得た知識で自信もつき始めた。そこで私は、だれにも負けないような保険外交員になってやろうと決意した。これが、わずか数ヵ月前には、「おれは敗けた」と考えたのと同じ人間なのである。

あとの三十分間は、その日に予定している仕事のことを考え、それからきょうの仕事を立派にやりとげようと静かに祈った。さらに時間があれば、勤め先から持ち帰った雑誌に目を通したり、インスピレーションを与えてくれるもの、そのほか興味あるものを読んだ。

*

ある朝私は、チャールズ・シュワブに関する記事を読んだ。これには、ある能率専門家の出したアイデアで、シュワブが一億ドルもうけた話がのっていた。記事の中心は、シュワブ氏と大企業《ビッグビジネス》の草分けアイビー・リー氏とのインタビューだった。リー氏はニューヨークで能率会社を営んでいたが、その顧客には、ジョン・D・ロックフェラー、J・P・モルガン、デュポン、ペンシルバニア鉄道、その他の大会社が名をつらねていた。

リー氏は簡単に自分の会社の仕事の内容を説明した後、控え目に語った。

「私どものサービスにより、あなたは立派な経営者になる方法を知ることができるでしょう」

それに対してシュワブ氏は答えた。

「いま必要なのは、知識ではなく行動です。もしもあなたがわれわれに実行力をつけてくれさえすれば、私は喜んであなたの意見を聞き、お望みどおりのものをお支払いしましょう」

「よろしい。二十分経ったらあるものを差し上げましょう。これはあなたの行動を少なくとも五〇パーセント早めることでしょう」

「では、いただきましょう。汽車に乗るまでには十分な時間がありますから……」

そこでリー氏はポケットからノートを取り出し、一枚の紙を引きさいて、シュワブ氏に差し出しながら、「これに明日しなければならない重要な仕事を六つ書きなさい」といった。

約三分間でシュワブ氏が書き終えると、リー氏は「では、それに重要さの順位をつけなさい」と語った。五分間かけて順位をつけ終えると、リー氏は静かにいった。

「その紙片をポケットにしまいなさい。明日の朝、まずその第一項目を読んでからその仕事に取りかかり、やり終えるまでやりなさい。そして第二、第三項目の仕事へと順次移りなさい。一つあるいは二つの仕事しか終わっていないなどと心配してはいけません。あなたはより重要な仕事をしているのです。この方法で全部の仕事を終えることができなかったなら、他の方法を使ってもやり終えることはできないでしょう。このやり方で毎日仕事をしなさい。そしてこのやり方の価値がわかったら、あなたの友人にも試みてごらんなさい。お望みどおりの期間このやり方を試みたら、相応だと思う金額の小切手を私あてに送ってください」

このインタビューは約三十分間だったが、数週間後にシュワブ氏はリー氏に二万五千ドルの小切手を送った。これには「あなたの教えてくださった方法は、金もうけの点からいうと、私の知りうるかぎり最もいい方法です」との手紙がそえられていた。それから五年経って、今まででその名を知られていなかったベスレヘム製鋼会社は、主としてこの方法のおかげで、世界最大の製鋼会社になったのである。そしてシュワブ氏は一億ドルの財産を作り、製鋼業界の有力者となった。

*

これが驚かずにいられようか。一年間に百万ドル作ったこのシュワブ氏は、「秩序と自己組織こそ最大の問題であり、その解決策はきわめて簡単である」と述べている。フランクリンも事実上これと同じことをいっていた。

私は八年間プロ野球を職業としていたために、世界で最も悪い自己組織者の一人となったように思われた。そこで私は、シュワブのやり方とフランクリンのそれを結びつけた。

まもなく私はこれがきわめて有利だということを発見した。最初のうちどのように始めたらよいかわからなかったが、鈍い頭で考え抜いた末、計画にもっと多くの時間をかけなければならないことをさとった。シュワブはその配下の者に対し、その日の終わりに、翌日の仕事の計画を立てるため一定の時間をさくよう強制したが、私は毎週金曜日の午前中をこのためにさき、自分に強制した。

この間、ずっと記録をつけ続けた。毎日厳正に数字を書きとめたので正確なものだった。やがて自分の時間に正確な値段をつけることができるようになった。ある金曜の朝、これらの記録を検討していたとき、保険外交員としての一回の訪問が二ドル三〇セントのもうけになることを発見した。先方に会えたか会えないかは別として、とにかく一回訪問すると私のポケットに二ドル三〇セント入ったのである。

そのとき秘書を雇ってみようという考えが浮かんだ。これは気まぐれのように思われた。最初は秘書を使おうと考えること自体におびえていた。ボスのカール・コリングスさえ秘書を使っていないのに、私すなわちフランク・ベトガーは秘書を雇おうとしている！

私はおびえていた。しかし実際の記録に基づいた事実がある。一週間の訪問回数をさらに一〇回だけ増やす必要があるかもしれない。秘書を持っていないことの利点もあるかもしれない。

そのころ、事務所に勤める女性を訪ねて、ラッセル・マチアスという立派な青年が現れた。二人は婚約していたが、ラッセルは兵隊から帰ったばかりで、まだ軍服を着ていた。私は彼から、タイプを打てること、速記ができること、一般事務もとれることを聞いたのち、自分の考えを話した。まもなく給料について話がまとまり、彼は秘書の仕事を引き受けてくれた。「ラッセル君、いまはこの給料だが、ある仕事をしてくれればおそらく引き上げることができると思う」と私がいうと、「ベトガーさん、何ですって？」と興味を示した。

そこで私は次のように話した。

「一週間のうち四日間、私がこの事務所にこなくてもよいようにしてくれないか。毎日午後二時に出先からきみに電話するから、何か伝言があったら知らせてほしい。私はノートをとり、きみに来週の訪問予定を知らせる。そうすれば、事務所にこなければできなかったことをほとんどすべて処理することができるわけだ。そして金曜日には事務所においてきみと二人で次週いっぱいの計画を立てるようにしよう」

コリングス、ハンシッカー両氏や事務所の同僚たちは、私のデスクにマチアス青年が座っているのを見て、彼が私の秘書だとわかると、青二才の不器用男ベトガーも完全に気が狂ったとうわさした。

その次の金曜日に私が事務所に行くと、コリングス氏は、私が精神病患者であるかのごとく質問を始めた。

私は自分の記録を引っ張り出して事実をみせた。それからまもなく、コリングス、ハンシッカー両氏はそれぞれ秘書を雇った。

要約

あなたの職業が何であれ、職業の上で成功しているかどうかを知りたいなら、そのテストは簡単である。つまり自分の時間を組織し、コントロールできているか、ということである。そうでないなら、失敗すること必定だから隠退するほかない。信じたくないだろうが、失敗は目に見えている。

人生における最大の贅沢の一つ、すなわち、遊び、休息し、徹底的に考え、物事をなしとげるための十分な時間を持ちたいなら、方法は一つしかない。つまり物事を重要さの順に従って、考えかつ計画するのに十分な時間をかけることである。そうすれば生活には新風がもたらされようし、人生には何年かが追加され、その数年には生気が注入されよう。

——あなたのすることすべてに適当な順序をつけ、仕事の一つひとつに適当な時間をさきたまえ（フランクリン）

奇跡は起こった

それから何が起こったか。彼らのいうように私の気は狂ったか。その年の暮れに私は会社の全保険外交員のなかで九二番目の地位にあり、しかも秘書を一人雇っていた。しかし例の一信条一週間主義で、一三信条を四回やり終えた翌年末には一三位になった。

それから一年後、ジョージア州アトランタのあるホテルで眼を覚ますと、何者かがドアをたたきながら、「フランク、起きろ。社長がお前に会いたいといっているぞ」と叫んでいた。ドアのたたき方は殺人者のようでもあり、その声はまったく聞きなれないものだった。眠りから覚めて、うつ伏せになっていた私は、「いまどこにいるのだろう」といぶかった。しかしすぐ、何か不思議なことが起こったのに違いないと考えた。

私は一年間の実績から会社の全外交員中一位となって社長杯を獲得し、この日の朝表彰されることになっていた。まったくの奇跡としか思えなかった。わずか四年前の二十九歳のとき、私は完全に失敗して絶望のドン底にあり、保険外交員になる希望さえも捨てていたのだ。しかしいまや全国各地で私の講演会が開かれようとしており、会社の重役たちとともにそのための旅行に出かけていた。

会社は申込書の上部に私の写真をはりつけて、この〝カムバック男〟に対し、さらに敬意を表した。写真の上には「ベトガー月間」と書かれていた。フィデリティ社はそれまでどの外交員に対してもこのようなことをしたことがなかった。私が超人的なセールスマンだったら、このような扱いはしなかっただろう。私が表彰されたのは、失意のドン底から決意して成功した、ごく平凡な外交員だったからだ。そして重役たちが私に与えた注意は次のようなものだった。

——これからの各地での講演会では、きみがやったこと、失敗から抜け出させてくれたアイデアのこと、このアイデアがきみにどのように役立ち、ほかの人にもどう役立つかを簡単明瞭に話したまえ。

私はかつて、医者から育て上げることはできまいといわれたほど、病気がちの子供だった。その私がこのように成長した姿を母親に見せることができて、私自身誇らしくもあり、感激せざるをえなかった。私は表紙に私の写真がのっている会社の出版物『フィデリティ社の外交員』を一部、母に送った。ミラー・ハギンスにも次のような手紙をそえて一部送った。

《親愛なるハギンス、きみが爆発させたダイナマイトのおかげで、きみの旧友はこういうこと

をした。長く長くきみに感謝す。フランク・ベトガー》
その数日後、われわれ一行がニューオーリンズのセントチャールズ・ホテルに着いたとき、すでに電報が届いていたところからみると、ハギンスはフィラデルフィアの本社に電話したに違いない。この電報はそれまで私が受け取ったもののうちで最も感動的なもので、次のような文面だった。
《おめでとう。きみのすばらしい業績はヤンキー・チーム全員の心をふるい立たせた。きょうクラブハウスできみのことを選手に話した。彼らは残るシーズンをこれまでの二倍の努力で報いるといってくれた。……これまでバート・コンに感謝の意を表したことがあるか。ミラー・ハギンス》
私は胸の詰まる思いがし始めたのを感じた。〝バート・コンに感謝の意を表したことがあるか〟というハギンスの電報のなかの最後の文句はショックだった。これまで私は一度もバート・コンに感謝の意を表していない！　しかし彼が私の人生を変えるのに力を貸してくれたのは事実ではないか。そこで私はフィラデルフィアに戻ったら、できるだけ早くジョンズタウンに行こうと決意した。しかし旅に出ていたので、数週間は実現できなかった。家に帰ると仕事が山のようにたまっていた。したがってバート・コンに会いに行くのは延期を重ねざるをえなかった。
それからかなりの時日が経って、ニューヨーク市のある集会で講演していたときのことであった。話が終わりに近づいたころ、小児マヒにかかってひどくからだの不自由な男が松葉杖をつきながら近寄ってきた。彼はレオ・ビュイトナーといい、ジョンズタウンの人だった。きわめて精力的で、握手をかわした十数人のうちで最も熱意に満ちていた。私は講演のなかでポイント・スタジアムに触れ、ジョンズタウンで試合したことをしゃべった。レオはジョンズタウンに住む成功した保険業者で、彼の事務所はポイント・スタジアムの真向いにあった。私は彼の口から、バート・コンがフィラデルフィアでトラック輸送業を大きく営んでいることを聞いた。

帰宅するや電話帳を調べたところ、確かに彼の名を発見した。しかも大会社の集まるフランクフォード通りである。しかしそのときは電話をかけなかった。驚かせてやろうと思って、自動車に乗り目的地に向かった。大型トラックがいっぱい並んでいる大きなガレージに入ると、しわがれ声の長身の男が近寄ってきて、「なにか御用ですか」と聞いた。私はジョンズタウンでバートにクビにされたときのように神経質になっていたようだ。身長も年恰好も同じだし、バートに違いないと考えて、「コンさんですか」と尋ねた。

「いいえ、コンさんはここにいません。きょうお会いになりたいですか。コンさんは病気ですよ」。その男は答えた。

「私は数年前、ジョンズタウンでコンさんと一緒に野球をした旧友です。彼にお話ししたいことがあるのですが、これを聞けば彼の気分もよくなるでしょう。そういうわけですが、お会いできるでしょうか」

「お会いになれないと思います。いまチェスナット・ヒル病院に入院中で、奥さん以外の面会は許可されていません」

そこで私は、ヤンキースが最初のペナントを獲得した年に、ニューオーリンズでハギンスから受け取った電報を見せながら、「コンさんのおかげで私の人生が救われたことを知れば、コンさんのからだにもよいでしょう」といった。

この男は「今夜コンさんの奥さんに会って、そのことをよく話しましょう」と約束した。しかし私はバート・コンの存命中に二度と会うことができなかった。バート・コンはその二日後に亡くなったのである。

熱意を持って行動せよ

ロジャー・バニスターという英国の若い医者が、ある日一マイルを三分五十九秒四で走り、スポーツ界を驚かせた。これまで一マイルを四分で走った人はなく、何世紀もの間、不可能事とされていた。そこで何が起こったか。バニスターの際限のない熱意は他に伝わり、四分で走ることは不可能だという精神面での障害を取り除いた。その後わずか六週間で、オーストラリアのジョン・ランディが一マイルを三分五十八秒フラットで走り、バニスターの世界記録を破ったのである。

その後四年間に、不可能事とされていたことが九人の走者によって一九回もなしとげられた。オーストラリアの二十九歳の会社員ハーブ・エリオットは一マイルを四分以内で一〇回も走り、一九五八年八月六日、三分五十四秒五の世界新記録を樹立した。そのときエリオットはいった。

「あなた方は練習にうんざりしている。しかし、ある走者が他の走者より優秀なのは、ひとえに練習によるものなのです。熱心であれば、だれでもやることができると思いますよ」

私にも経験があるので、これらの人たちに何が起こったのかよくわかる。……私の人生で最も悲しかったのは、ジョンズタウンでバート・コンに解雇された日だった。その三週間後ニューヘイブンに着いたときには、ボールを投げるのも捕るのも、また打つことも、以前よりうまくはできなかった。以前よりも野球についてよく知っているというわけでもなかった。ジョンズタウンで持っていなかったものは、ニューヘイブンにきてからも持っていなかった。変わったことといえば、熱心にやろうという決意だけだった。

それから何年か経ち、保険外交員として完全に失敗してクビとなった十日後に、再び会社に行き、もう一度雇ってくれと社長に頼みこんだときも、熱心にやろうという決意以外なにも変わったことはなかった。そして私は外交員を始めたが、これをやらせたのは熱意以外の何ものでもなかった。

＊

かなり昔、サウスカロライナ州のコロンビアにいたとき、ある有名な裁判官による殺人裁判が開かれているという記事を新聞で読んだ。この裁判は全国各紙の一面トップを飾っていたが、それまで殺人裁判を傍聴したことがなかったので、出かけて行って傍聴してみようという気になった。

通りを横断して美しい裁判所の構内に入ると、巡回裁判判事につきまとっている行商人たちに出会った。そのうちの一人の声はどことなく興奮しており、人目を引いていた。この男はチェックの洋服、赤いずぼんつり、褐色の山高帽子をかぶり、大きな葉巻煙草をふかしていた。私はこの男が五分間に三〇個も商品を売ったのを目撃した。以下はそのときの彼の宣伝文句だが、これは、それまで私が聞いたセールスマンの宣伝のうち、最も熱のこもったものだった。

紳士、淑女のみなさん方、私の名はパフスタッフ、中国の偉大なる皇帝カン・カホーに仕えた内科、外科医です。マッカリール卿の治世にキリスト教に改宗して、中国を去り、この国にやってきました。私は比類なき薬を持ってきましたが、そのうちの一つはプレーリー・ランダム・ラッツキニウムと呼ばれ、歯を失った人の歯ぐきにその一滴をぬれば、きのこのように新しい歯が生えてきます。またひげに悩むご婦人方には、これを使うと床屋のかみそりよりもきれいにひげがとれます。さらに私は人間のあらゆる病気を治す万能薬も持ってきました。……私は眼の治療にかけても有名です。中国のある皇帝が不幸にしてそこひのため視力を失ったとき、私はその眼をとり除き、生きたライオンから取った二つの眼をそこに入れました。この結果、皇帝の視力は完全に回復したばかりでなく、あらゆる敵にすごみをきかすことができました。

私は自分のことを自慢にしようとするつもりはありません。自分のことを自慢にする人は、ヤマアラシより悪い人間です。しかし私は偉大な医者、哲学者であるばかりでなく、偉大な天才でもあります。しかし私は、いまいったように、自分のことを自慢にするつもりはありません。次に、この不思議な万能薬のおかげで治った数千人のうちから、ごく少数の例をあげましょう。

ジョージア州アトランタ。街頭でのもみあいで投石を受け死亡したが、一ビンで生きかえる。

イリノイ州シカゴ。石けん工場でボイラーに落ちて死亡したが、一ビンで生きかえる。

オレゴン州ポートランド。製材機でからだを真っ二つに切られたが、一ビンでもと通りに。

オクラホマ州タルサ。亜麻仁油工場で押しつぶされ、ゼリー状になったが、一ビンでもと通りに。

しかしニューヨーク市の銀行員から寄せられたもっと大きな効果報告があります。これをそのまま読み上げてみましょう。

《ニューヨーク州ファンズワースの火薬工場に私はあまりに近寄りすぎ、突然の爆発によりものすごい力で吹き飛ばされました。この不幸な事件によって、仕事に不適当なからだとなりましたが、そのころあなたの不思議な万能薬のことを耳にし、それを使ってみようと考えました。最初のビンは飛び散った私の肉片を寄せ集め、二番目のビンはこれに生気をよみがえらせ、三番目のビンで完全に治りました。そして四番目のビンで私はウォール街に戻り、金銭勘定や為替手形の作成ができるようになり、この万能薬の清算書を送付しました》

一ビンわずか一ドル、六本で五ドル、この次に治るのはだれとなりますか？

この話を信ずるにせよ、信じないにせよ、それから一分間のうちに三〇人がスタンドに押しかけ、彼の山高帽子がドル札でいっぱいになるのを現実に見た。

私はあなた方がいま何を考えているか知っている。それは、「なぜフランクはこんな話をするのだろうか」ということでしょう。では、その理由をお話ししましょう。

私は人びとが立ち去ってから、この男に尋ねた。

「いくつか質問してよろしいですか」

「どうぞ」

「いつもこの調子でやっているのですか」

「といいますと？」

「いつもこのように恐るべき熱心さでやっていますか、という意味です。生まれつきなんですか」

「いいえ、こういったものを売り始めたときは、そうではありませんでした。しかしある日、宣伝演説に力を入れると、みなさんが買い始めることに気づきました。それから今日まで、私の商売は演説にどの程度熱を入れるかによって増減するのです」

そこで私は考えた。「この行商人のように、偽りの熱意でも薬を売りさばくことができる。まして、心からの熱意をもってのぞめば、何事もできるはずだ」

ご存じのように、熱意 *enthusiasm* という言葉は、「あなたのなかにいる神」という意味の古代ギリシャ語に由来している。ミラー・ハギンスはかつて、「一三信条の一つひとつにこの成分を使えば、米国で最も偉大な保険外交員の一人になることができる」と意味深長なことをいった。

それでは、いかにして熱意を保つのか。それはきわめて簡単で、「熱意を保つためには、熱心に行動する」ことである。いますぐこれを試してみようという気になりませんか？

みずからに対し熱心に行動するよう強制しなさい。そうすれば熱意を持つことができる——これを今後十三週間、各信条に適用すれば、驚くべき成果が現れるでしょう。そして、あなたの全生活に革命的変化をもたらすことも容易である。

要約

仕事や生活に打ちこんで熱意を増加するという高邁な決意をしなさい。この決意を実行に移し、今後十三週間の間、一三信条のそれぞれにこれを適用すれば、驚くべき成果が現れよう。あなたの収入は二倍になり、幸福も倍になるでしょう。ルールはただ一つ——熱心になるためには熱意を持って行動すること——だけである。

——あなたが息子や娘に一つだけ贈物を与えることができるとすれば、それは熱意であるべきだ（ブルース・バートン）

ニューオーリンズのやぶにらみ左腕投手

ニューオーリンズで開かれたフィデリティ社の地方集会で、私が最初に示したものは、ニューヨーク・ヤンキースが〝シーズンの残りの期間、熱意を倍加することに意見一致した〟と伝えてきたハギンス監督からの電報だった。このことは集会に集まった人たちをいたく興奮させたようにみえたので、私は全国いたるところの集会でも同じ手を使った。つまり、まずハギンスからの電報を示したのである。次いで私はニューオーリンズに第一歩をしるした当時のことを話した。

それは、私がセントルイス・カージナルスとともに、春のトレーニング旅行に行ったときのことだった。われわれはニューオーリンズに立ち寄り、ペリカンと試合を行なった。当日のニューオーリンズ側のピッチャーは、身長六フィート以上でぎこちなさそうに見え、やぶにらみで、内またの左腕投手だった。どの選手も、このピッチャーは人をあざむくことにかけては球界随一の投球法の持ち主だ、と評していた。

一回一死後、わがチームは一塁にランナーを出し、ブレスナハン監督はヒット・エンド・ランのサインを出した。ピッチャーが投球の構えをすると、ランナーは一塁から大きくリードをとり、バッターはヒット・エンド・ランを成功させる構えをした。しかし左腕のやぶにらみ投手が投球の構えをしたとき、彼の一方の眼はバッターに、他方の眼はランナーに向けられており、本当にどこを見ているのかわからなかった。

するとピッチャーは突然肩を引き、一塁に投球するような恰好で、右ひざをあごに届かんばかりに上げ、からだを回転させた。ランナーは塁に戻り、バッターは一塁上のプレーを見守っていた。しかしピッチャーは奇妙なふうにからだをひねり、プレート真ん中右寄りに快速球を投げこんだ。

主審は「ストライク・ワン!」と叫んだ。監督はなにやら叫びながら、再びヒット・エンド・ランのサインを出した。ランナーは帽子をしっかりとかぶり直し、慎重に一塁を離れて次の投球を待った。左腕のやぶにらみ投手はまたまた一方の眼はランナーに、他方の眼はバッターに向け、肩を変な恰好に引き、ひざを上げ、背中をバッターに向けた。このときも一塁に投球するのではないかというふうに見えた。ランナーはヘッド・スライディングで塁に戻り、バッターは一塁上のプレーを見ていた。しかしプレート真ん中右寄りにカーブが投げこまれ、バッターはびっくりしてしまった。

「ストライク・ツー！」主審がこう宣告すると、監督は「ばか者、何たることだ。眼を開けろ」とどなった。

不幸にして、三塁のコーチング・ラインにいるブレスナハン監督には、どうしてこのような混乱が起こっているのかわからなかった。そこで三たびヒット・エンド・ランのサインを出した。このようなことは、バッターがツー・ストライクをとられているときには珍しいことだ。ランナーは一塁から大きくリードをとり、バッターは前よりプレートに接近して立った。こんどはだまされないぞという構えのようであった。

もう一度左腕のやぶにらみ投手はひざを上げ、からだをひねった。ランナーは二塁に向かって走り、バッターはスウィングを始めた。このときピッチャーは一塁に投球したが、巨漢のバッターはスウィングをやめることはできなかった。キャッチャーはこぶしを強くグローブにたたきつけたので、あたかもボールを捕らえたときのような音がした。主審は手を頭上高く上げて、「ストライク・スリー、アウト」と叫んだ。

ランナーが二塁を踏んだとき、ボールを持って待ち構えている二塁手の姿を見て驚いた。このときのランナーの表情を想像してみたまえ。塁審は「アウト」を宣し、驚くべきダブルプレーが完成したのである。

このプレーがのちの人生で役に立とうとは、そのとき思いもしなかった。

さて、私は保険外交員となり、勧誘を重ねるうちに、あることに気づいた。人というものは、ニューオーリンズのこのやぶにらみ左腕投手のようなところがあるようなのだ。記録をとってみると、三回の勧誘につき二回まで、私はお客の求めるものがさっぱりわからなかった。つまり三回のうち二回は、まちがった目的に向かって販売努力を重ねるほかなかったのだ。

あるときベテラン外交員のビリー・ウォーカーにこの記録を見せると、彼は笑いながらいった。

「きみのいわんとすることはよくわかる。私自身すべて経験ずみだよ」

「それではウォーカーさん、あなたはどうしてこの問題を克服したのですか」

「フランク君、他人の言葉から相手が何を考えているかをつかむことは難しい。人が反対というとき、それは買わないという意味ではない。きみがまだ相手方を説得していないということにすぎない。つまりきみは相手方に買いたいという気持ちを起こすだけの十分な証拠を示していないわけだよ」

私は彼の答えをけっして忘れなかった。

ニューオーリンズのやぶにらみ左腕投手の人をあざむく投球法と、「相手方に買う意欲を起こすだけの十分な証拠を示せ」というビリー・ウォーカーの助言を思い出すと、〝一塁にとどまり〟商売をすることと〝すべての塁に気を配って〟商売をすることの違いがわかってきた。私は、毎日会う人すべてと(自分の子供たちとも)駆け引きがあるということを肝に銘じた。

クリスティ・マシューソンの金的

野球で学んだ信条のうち、いかに多くのことがその後の商売や日常生活に適用できるものであることか。

たとえば、私がセントルイス・カージナルスに入った直後、キャッチャーのジャック・ブリスが脚を折った。このためカージナルスのキャッチャーは二人だけとなった。そこで数週間の間、私はブルペンでウォーミングアップするピッチャーのお相手をつとめた。私はキャッチャーではないので、これを喜ばず、得るところは何もないと考えた。しかしその後の人生にとって、私はきわめて貴重な教訓を学んでいたのである。

当時カージナルスの最優秀投手はスリム・サリーだった。私はいまでもサリーが「フランク、グローブをもっと上げろ」と叫んでいるのが聞こえるような気がする。彼は、私が大きなキャッチャー・グローブを目標のところに上げるまでは、けっしてボールを投げなかった。グローブの真ん中が〝金的〟だったのである。

われわれのチームのなかで、私を相手に投球練習をしたピッチャーはサリーだけだった。また彼はチーム内でいいコントロールを持っているただ一人のピッチャーだった。サリーはバッターの弱点を研究し、マウンドに上がったときには、各バッターに対しどこに投げればよいかを正確に知っていた。しかもそこから外れることはほとんどなかった。

あるときサリーに、どこで学んだアイデアかと尋ねたら、「偉大なるピッチャー、マシューソンからだ」と答えた。

ある日ニューヨークのポロ・グラウンドでの試合直前、マシューソンに会い、「サリーはあなたに何をいい、何を質問したのですか」と聞いてみた。この偉大なるピッチャーの返答は忘れがたいものだった。彼はいった。

「目標を定めずに投球することは、大空に向けて鉄砲をぶっ放すようなものだ。いかなる射撃手も目標を定めなければ立派な射撃手となることはできない」

「買いたいという気持ちを起こすだけの十分な証拠を示せ」というビリー・ウォーカーの助言を胸にしてからまもなく、ぞくぞくするようなことが起こった。私が取りつけた保険契約の額に社内は騒然となった。その契約は会社の歴史の上で最大のものの一つだと発表された。しかも小学校すら出ていない私のような青二才があげた実績だったので、人びとは好奇の眼をみはった。

それから数日後、私はボストンに招かれて、ある席上自分の体験談を話すよう求められた。話し終えると、米国有数のセールスマンの一人であるクレイト・ハンシッカーが近寄ってきて、「あなた自身、なぜそのような立派な成績をあげえたか、おわかりですか」といった。「どういう意味ですか」と尋ねると、彼はひとこと答えてくれたが、その後まもなく、これが世の人たちと商売する秘訣であることを知った。要は、「すべての人は何かを欲している」ということだ。われわれの仕事は、人びとが何を欲しているかを見出し、それを獲得する最良の方法を探し出すことである。

「それこそ販売の秘訣である。ある人に会ったら、最初の一分間に、めくらめっぽうのさぐりをいれる。すると相手の望むものに偶然ぶっつかる。そこでそれについて話をすすめ、質問する。相手の望むものから話をそらしてはいけない。その上でそれを獲得する方法を切り出す」

私はハンシッカーにスリム・サリーがブルペンで私に向かって叫んだことや、マシューソンが常に目標を定めよといったことなどを話した。

「それはすばらしい例だ。あなたはそれを体得している。たいていのセールスマンは、目標が何かも知らずにボールを投げるピッチャーに似ている。常にこの原則を覚えていて、マシューソンのように毎日実行すれば、売ることはやさしいことです」

ハンシッカーがこの秘訣を教えてくれなかったら、私は再び自転車に乗って集金するようになっていたかもしれない。そのとき私は、彼が新しいアイデアを発見したと思った。まもなく私は、故郷のフィラデルフィアで、ある人物が百八十年も前にハンシッカーと同じ考えを持っていたことを知った。ほかでもない、フランクリンである。彼がその考えをどのように適用したかを示してみよう。フランクリンの〝的を射る方法〟とはどんなものであろうか。

＊

この人は新しい型のストーブを発明した。彼はこれを売らなければならないと考え、広告の文句を書いた。販売目標はとくに婦人に向けられており、次のようなものだった。

――暖房設備の貧弱のせいで婦人はカゼをひく。それがアゴや歯ぐきにきて美しい歯並みを破壊する。大きな明るい火は眼をこわし、皮膚を乾燥させてしなびさせ、早老さをもたらす。

この広告でストーブが売れたであろうか。お察しにたがわず、このストーブは国中の〝ベストセラー〟にのし上がった。ペンシルバニア州のトーマス知事は新型ストーブの製造を大いに喜び、フランクリンに一手販売権を与えた。しかし彼は「われわれは他の人の発明から大きな利益を受けているのだから、私の発明によって人びとに利益をもたらす機会ができたことをうれしく思う」といってこれを断った。

有名なフランクリンのストーブ換気法は、現在の換気装置の基本原理として使用されている。

彼は生涯に一〇五の発明をしたが、特許権は全然とらなかった。奇妙に聞こえるかもしれないが、彼は裕福になった晩年、次のように書いている。

——自分自身だけのために働いているときは、私ひとりが自分のために働いているにすぎなかった。しかし他人のために働くと、他人も私のために働くようになった。

ハンシッカーに教えられたように、この信条をうまく商売に使い始めてからまもなく、私は私生活でこれを試す機会を得た。ワインフィールド統一長老派教会の人たちが新しい教会と聖書学校を建設するための募金運動をやっていた。われわれには小さな礼拝堂があった。一週二晩の割りで三週間の間、すべての労働者はこの礼拝堂に集まり、募金結果を報告した。

ある夜一人の労働者が、金持ちを訪問したときの不愉快な経験談を話した。そのいい分はこうである。「私はずっとセールスマンをやってきて、何人もの手ごわい相手にぶつかったものだ。しかしこの金持ちほどにぶっきら棒で、冷淡で、追い返すような態度は見たことがない」

われわれの建設基金委員長は、基金名簿の第一番にX氏の名をのせることにためらいを感じていた。その一年ほど前にこの金持ちの男は、周囲の社会や教会と縁を切っていた。彼の一人息子である三十二歳の青年が何者かに殺害されたが、真相はナゾに包まれている。父親は犯人を発見するために、必要とあらば、自分の余生を捧げると誓った。事件未解決のまま時間が経過し、淋しいこの金持ちは世間との交渉を断った。

だれもがこの男に寄付を頼むのはバカげた時間の浪費であることに意見一致した。彼らはこの男を〝寄付者〟としてだけでなく〝人間〟としても見離した。

委員長がカードを引き裂いて、くずかごに投げこもうとしたとき、私は「そのカードをいただけませんか。ある考えがあるのです」と申し出た。

委員長は他の人たちに眼くばせしながら、「そうですか」と笑った。

翌日の午後八時半ごろ、私はこの金持ちの美しい大邸宅の正面玄関のベルを鳴らした。一階に小さい電燈が一つついているのを除けば、まったくの暗闇だった。数分間待ち、立ち去ろうとしたとき、ドアが静かにあいた。それがX氏だった。内側からのあかりで、おぼろげながら彼の顔がわかった。こんなに悲しそうな顔は見たことがないように思えた。「ご用件は何ですか」とX氏はたずねた。

「あなたの隣人です。数分間だけお話ししたいのですが……」

「何についてですか」。疑わしそうに私を見つめる彼の声には強いにくしみが感じられた。

「あなたの息子さんのことについてです」とだけいい、相手の眼を見つめながら静かに待った。相手が答えるまで一分も経ったろうか。ついに彼は「お入りなさい」といった。

私は電燈のついている小さな書斎に案内された。相手はしげしげと私を見つめ、「お座りなさい」という身ぶりをした。

私はおだやかに、しかし感情をこめて、「私はあなたの大きな損失を知っています。私にも一人息子がいるので、心からご同情にたえません。息子さんのための記念として、新しく作られる教会の美しいステンドグラスの窓を寄付していただけたらと考えているのですが……」と話した。

「その窓はいくらするのですか」と、彼は関心ありげに尋ねた。

「本当のところ私は知りません。あなたが適当と考えられる額で結構です」

彼の不幸な身上話に耳を傾けた後、早速色よい返事をもらうことができたので、私はびっくりしてしまった。数分後に私は五千ドルの小切手をもらって辞去した。小切手を手渡すときの彼は感きわまったというふうだったが、私も同様であった。

その翌晩、礼拝堂で開かれた労働者の集会で、私は委員長にX氏のカードを渡した。彼はカードに眼をやり、私の手で「五千ドルの寄付約束」となぐり書きされているのを見た。私が芝居を打っているとでもいいたげなふうに笑いながら、委員長は「本当にきみはその男に会ったのか」と尋ねた。

私は笑いも浮かべず、小切手を差し出した。委員長は答えず、集まった人たちに見せるため小切手を回覧させた。だれもが驚いたのがはっきりとうかがわれ、何が起こったのか知りたがった。そこで私は説明した。

「私がX氏に会いに行ったのは、このように多額の寄付をもらうためではなく、何とかして彼が再び世間と接触するようにしたいと考えたからでした。ただ一つの目的は、彼の心のなかのやさしい部分に訴えるような言葉をかけてあげることだったんです。そこで彼の最愛の息子さんの思い出について話しました」

実際私は、しばらく前に学んだ哲学、つまり「人が欲するものについて話し、それを得る方法を示せ」ということを実行したにすぎない。

ところでこの淋しい男に何が起こったであろうか。息子のために美しい記念物を寄付するというX氏の行為は、彼の心を蝕《むしば》んでいた激しい憎悪をとり除くのに必要だったのだろう。ステンドグラスの窓は、彼を暗黒から引き出して友人のもとに連れ戻し、本来の商売に復帰させた。つまり他人のために行動し、考え、生きる世界に帰ったのである。

要　約

「目標を定めずにボールを投げることは、大空に向かって鉄砲をぶっ放すようなものだ。いかなる射撃手も的を定めなければ立派な射撃手になれない」というマシューソンの言葉を忘れてはいけない。

日常生活への適用――他人が欲するものを知り、それを獲得する最良の方法を見出す助けをせよ。古人もいう。これこそ行動の金科玉条である。

いかにして世界観を変えたか

そのころ私はある大学の有名教授が書いた〝反対克服法〟についての本を研究していた。反対にかんする彼の答えは立派にみえたので、私はこれを肝に銘じようとした。人が反対意見を持ち出すや否や、私は教授が考え出したスマートな答えをぶっつける。だがこの教授には物を売った経験がない。私もこの方法で物を売ったわけではなかった。この方法では相手と議論にはまり込むだけだった。

幸い二十三世紀前ギリシャのアテネの人についての本を知り、私は反対克服法の研究をやめた。その人はソクラテスである。彼は、全歴史を通じてごく少数の人しかなしえなかったこと、つまり世界観を変えることをなしとげた。ソクラテスは風変わりな教師だった。彼のやり方は、相手に間違っていますよといわないで、相手に質問する方法をとった。時として人は、自分が信じている物事の真理を証明できないことを発見する。そこでソクラテスは、慎重に考え抜いた質問によって、人が自分自分で真理を発見する方法を考えた。

もしもフランクリンが、ソクラテス的方法が彼の生活に与えた影響について書いていなかったら、私はこの方法を知らずに過ごしていたかもしれない。フランクリンは闘争的な青年だったので、しばしば他人との間にいざこざが起きた。彼は毎日夜明け前に起きて、長時間働くおそるべき労働者だった。しかし彼は敵も作った。ある日彼はクエーカー教徒の友人から、「人はきみを避けるため、通りの反対側を通るようにしている」という話を聞き、ショックを受けた。彼はソクラテスの方法を勉強した結果、無作法に否認し、議論し、独断的に断定を下す癖を直したほうが賢明だということを知った。

フランクリンは次のようにいっている。

――私は〝謙虚な質問者〟を装い始めた。まもなく、こういうふうにやり方を変えるほうが有利だと気づいた。

フランクリンはこの質問による方法を発展させることに熱中し、人に対し相手も同意できるとわかっている質問を持ちかけた。彼は、まず自然に出てくる好戦的態度を戒めなければならなかった。質問の言葉のはしばしに、自分こそ正しく、相手はまちがっているという思いがにじみがちだったのだ。

フランクリンは、自分が相手と同意見でない場合でも、他人の意見を理解し、尊重していることを示さねばならないことを発見した。

彼はこう記している。

――自分が間違っていることがわかっても、あまりくやしくはなかった。また、たまたま私が正しいときには、相手を説得して誤りを放棄させ、自分に同意させるのは容易なことだった。

一七三一年六月十日の「印刷業者へのおわび」という論説のなかで、彼は自分の態度をはっきりと次のように記している。

——人の意見は様々である。これを印刷するのが印刷業者の仕事である。人びとの意見が異なるときは、〝双方ともその意見を大衆に聞いてもらう利点を等しく与えられるべきだ〟という信念を印刷業者は教えこまれている。また真理と誤りが公正に扱われれば、前者が常に後者に勝つことも教えられている。

フランクリンは真理を引き出すエキスパートとなった。それから何年か経って、彼は、重税についての交渉が可能かどうかを見きわめるため、英国に派遣された。下院で十日間にわたる諮問が行なわれたが、そこにおける彼のふるまいと答弁から、英国の偉大な政治家エドマンド・バークは、フランクリンを生徒の質問攻めにあっている先生になぞらえた。

私は、フランクリンがマスターしたソクラテス的方法を修得しようと決意した。だれかが私に何か話しかけ、私がこれを質問形式に持っていけなかった場合には、そのたびに一〇セント支払う賭けを家族とした。一週間後にはこの賭けをやめた。私の小型金庫は一〇セント銀貨でいっぱいになった。私は小型金庫を振って一〇セント銀貨をとり出し、バス代に使った。しかしこの小さなゲームは、家族にとっては面白いものだった。その上このゲームは他の効果も持っていた。家族全員がしゃべる前に再考するようになったのである。

ある日の朝、私は息子のライルといっしょに教会から家に向かって歩いていた。当時私は日曜学校で少年クラスを教え始めたばかりで、ライルはそのクラスに属していた。聖書についての知識はあまり持ちあわせていなかったが、私は自分がこれまで取り組んだ困難な仕事に少年たちの注意を引きとめようと努めていた。その日の教え方は上首尾だったと思えた。そこで私はライルが私にお世辞をいってくれるものと待っていた。だがひとこともそんな言葉はなかった。ついに私は「ライル、けさ教えた話をどう思う?」と聞いた。ライルはためらいながら、「パパに悪いけれど、ぼくは熱心にお話を聞いていなかったんです。ぼくの心はほかのことを考えていました」と答えた。ライルは授業中ずっと私の顔を見ていたので、この返事は意外だった。

そこで私は授業中、質問方式をとり始めた。少年たちは以前よりずっと関心を高め、授業に心おどらせるようになった。何より、質問することで少年たちはよりよく覚えるようになった。ある朝牧師が私に、五分間おさらいをしてもらえまいかと頼みこんできた。私のやったことといえば、質問を出すことだけだった。老若男女から熱心な反応があった。これは記憶するかぎり、もっとも短い五分間だった。それ以後も日曜日ごと数回にわたり、牧師に頼まれて五分間のおさらいをした。私はそのときも質問し、それに答えさせた。やがて私は日曜学校の校長に選ばれた。

もう一つ信じがたい話をしよう。ただひとことの質問が、第二次大戦の勝利にあずかって効果があったのだ。唐突に聞こえるかもしれないが、次のような次第だ。

＊

第二次大戦中、米国の国防省は熱帯地方で戦う米軍部隊のために緊急食糧を生産する会社を探していた。この食糧はポケットに入るくらい小さく、しかも飢えている兵士を元気づけるに足る十分な栄養を持っていなければならなかった。また同時に熱帯の熱病にかからないような成分も含んでいなければならない。補給部は全国各地の会社に問い合わせたが、どこも同じく「不可能」という回答だった。

国防当局がこの考えを放棄しかけていたとき、ある人がペンシルバニア州ハーシー生まれのミルトン・ハーシーに会ってみるよう提案した。ハーシーは当時八十五歳だった。

「何ですか。どうしてそれが不可能なのですか」とハーシー氏は尋ねた。

国防省当局者は「熱帯の気候のもとでは、どんなものでも持ちこたえられないでしょうから」といった。

ハーシー氏はさらに、「どうしてできないのですか」とたずね、なぜなぜ問答は、すべての問題がはっきりするまで続けられた。

煙草をふかしながら、彼はいった。「これらの事実を検討するには若干時間がかかるでしょう。しかし問題ははっきりしましたので、答えを見出さなければなりません」

ハーシー工場での実験が始められた。三交替制で日夜実験を重ねた結果、ハーシー工場はまもなく南太平洋に七万五千本のチョコレート棒を積み出した。その一本一本には、熱帯病を防ぐためのビタミンB1一五〇単位と六〇〇カロリーの栄養分が含まれていた。このチョコレート棒は、「不可能事」をなしとげたのである。やがてこの新しい〝秘密兵器〟が大量に全世界の米軍兵士のもとに送られた。

なんと驚くべき物語ではありませんか。しかしハーシー物語にはもっと古い話がある。この物語も同様に驚くべきもので、私を勇気づけてくれる。ハーシーは四十歳になるまで、失敗につぐ失敗を経験した。四十歳のとき、彼は街頭で手押し二輪車でキャンディを売っていた。ある日一方の車輪がはずれ、キャンディが通路いっぱいにこぼれ落ちた。通りがかりの人びとは、それを拾い上げ、食べながら立ち去った。ハーシーはひどくがっかりし、歩道のふち石に腰を下ろし、両手のなかに顔を埋めた。彼は自問した。「どうしてだろう。他の人が成功して、自分が失敗するのはなぜだろうか」と考えた末、答えは一つの理由にしぼられた。つまり「あらゆる事実をつかまないで、突き進んでいる」ということだった。

その日から四十八年後に死を迎えるまで、ハーシーは「なぜか?」「どうしてしないか?」を問う哲学にすべての生活を打ちこんだ。彼は、これが自分の心を敏活にし、若々しくしているのだと信じていた。この哲学は実際、彼が巨万の富をたくわえるのを助けたのである。「なぜか?」「どうしてしないか?」を問うことにより、彼は〝クイズ博士〟の元祖として知られるようになった。

根本的には、ソクラテスの全哲学も、「なぜするか?」「なぜしないか?」という簡単な疑問のまわりに組み立てられている。

心の代数学

私は、苦しく、しかも解明を要する難問が持ち上がるたびごとに、私を助けてくれた珠玉のようなアイデアをフランクリンから得た。ここにフランクリン自身の言葉を記そう。


あなたがきわめて重要な事柄について私の助言を求めていても、十分な前提が不足しているので、私としては、どう決めるべきかについて忠告することはできない。しかしお望みなら、どうしたらよいか、方法だけお教えしよう。

困難な問題が起こったとき、それがむずかしいのは、問題を考慮するさい、賛成、反対のすべての理由が同時に検討されないからではなく、あるときは一つの理由があげられ、別のときには他の理由があげられて、第一の理由が見失われることからきている。そのために、それぞれ異なった目的や性向が交互に頭をもたげ、われわれを悩ます不安定が生まれる。

これを克服するための方法は、一枚の紙に線を引いて二分し、一方に賛成、他方に反対と書きこむことである。それから三、四日間の検討期間中、異なった動機から出た短いヒントを賛成、反対の欄に書きこむ。これらすべてをひとわたり検討すると、それぞれの比重の評価に努める。賛成、反対の双方の欄に書かれている二点が同じことだとわかれば、両者を消す。一つの賛成理由が二つの反対理由と同じこととわかれば、三つとも消す。二つの反対理由が三つの賛成理由と同じこととわかれば、五つとも消す。このようにして、バランスがどこにあるかを発見する。さらに一日か二日検討した後、両者に重要な新事実が起こらなければ、それに従って決断を下す。それぞれの理由の比重は、代数学的な正確さできめることはできないが、すべての理由が私の前に提示され、しかもそれぞれの理由を別箇に比較しつつ検討すると、よりよい判断ができると思う。そして性急なことをやる率も少なくなるだろう。事実私は〝心の代数学〟ともいうべきこの方程式から大きな利益を得た。あなたが最善の決定を下すことを望んでやまない。

ベンジャミン・フランクリン

私が外交販売にあたって遭遇したもっとも手ごわい反対の一つは、「まだそれを買うかどうか決心していません」という言葉だった。

そのとき私はいった。「私の仕事は、あなたが決心するのを助けることです。考えあぐねる必要はありません」

それから私は一枚の紙の真ん中に線を引いて、一方の側に「なぜするか？」、他方に「なぜしないか？」の欄を作る。これこそ〝心の代数学〟である。これは人が自分の考えを昇華させるのに役立つ。答えはたいてい、人が真に欲しているものと同じになる。

要約

ソクラテスを模範とせよ。独断的な断定よりも質問のほうこそ、人が欲し、必要としているものを発見する上で最も効果がある。攻撃するよりも問い正せ。他人の見解を尊重していることを示すべし。

――真理と誤りが公正に扱われれば、前者が常に後者にまさる（フランクリン）

あなたが教育から得た大きな収穫の一つは、質問する態度、証拠を求めその比重をはかる習慣、つまり科学的接近法である。

きわめて重要な決定をしなければならないときには、「なぜするか？」「なぜしないか？」の心の代数学を試してみなさい。

沈黙は成功のカギ

ゼネラル・エレクトリック・カンパニーの電気関係の権威だった故スタインメッツ氏は、

「人間というものは、質問している間は見込みがあるものだ。質問もしなくなったらだめだね」といっていた。ところが、私は質問をすればするほどバカになる。なぜかというと、私は人のいうことを聞こうとしなくなるからだ。

まず私は、ものをいうことが極度に恐ろしかった。ところが、しゃべる講習を受けて、四分間講演者に従事してから、しゃべることに興味を持つようになった。けっきょく、しゃべることには達人になったが、ものを聞くということを忘れてしまったのだ。

ある日、親友は、私のこのとんでもない過失についてとくと意見してくれた。彼は、私以上におしゃべりな男を例にとり、「ぼくはそいつに会わないようにするために、家を出てわざわざ五分も回り道をするのだ。それでも時間の節約になるよ」と語った。

二、三日後、長いこと会わなかった友人に会った。彼は「まったくしばらく」と親しげに話しかけてきたが、けっきょく私を避けていた。この男は、私が近づいたら逃げだす準備をしていたように思えた。私は、彼に最後に会ったときにひどくしゃべりまくったことを思い出した。どういうことか、おわかりだろうか。要するにきわめて堪《た》えがたいということなのだ。

フランクリンは〝聞く〟ということが非常に大切なことだと信じていた。彼はこう記している。

——知識を吸収するには人と話すことがなによりだと思うが、その場合は舌よりも耳を使うことである。くだらない連中はおしゃべりを好む。私はこの悪い癖を直すために沈黙することにした。

数年後、フランクリンは「世界的な外交官」と目されるようになった。何度も読み返すことは有益だと思うから、もう一節彼の言葉を引用しておこう。

――会話の機知《ウイット》というものは、自分がなにかうまいことをいおうとすることではなく、相手の話のうちに機知を見つけることにある。要するに聞き上手になることだ。あなたの話し相手は、滑稽なことや、機知に富んだことをいって喜ばれたからこそ、またあなたに会ってみようという気になる。たいていの人間は、尊敬されるより〝気に入られる〟ことのほうを望んでいるものであり、相手を喜ばせるということは、最もデリケートな〝楽しみ〟なのである。

テレビの〝人物インタビュー〟で有名なエド・マローに、「どうやってあんなにおもしろい話を引き出せるのか」とたずねると、彼は次のように答えたものだ。

「私は話の潮時を見て、タイムリーな質問をし、話の筋を切り替えることに心がけている。そうしておいてゆっくりと相手の話を聞く。要するに死んだ空気を生かすということが狙いになる。とにかく相手がしゃべり出すまで、静かに待つことが必要なのだ」

私にとっては、苦境の救い主ともなった三信条を紹介しておきたい。要約すると次のとおりである。
一、相手が何に興味を持っているかを知ること
二、相手が喜んで答えられるような質問をし、その話をするように導くこと

三、それから、相手の話に〝聞き入る〟こと

＊

数年前、私は〝聞く〟ということについて書いたことがある。題名は「セールスの魔術、忘れられた技法」というもので、多数の新聞が一斉に掲載してくれた。ところが中西部の新聞は、「沈黙は成功のカギ」という別の題名をつけてくれた。私はこの題名が非常に気に入ったので、この章の見出しにも採用した。

私はある夏の暑中休暇に、デール・カーネギーとメイン州に釣りに行った。一日中雨が降っていて、話をしているよりしかたがない日であった。私はデールに、「あなたはどうやって経営がうまくなり、しゃべることが得意になったのですか」とたずねた。彼についてほとんどのことは知っていたが、全部が全部知っていたわけではない。またデールにしても、こういったことを聞かれるのに悪い気はしないだろうと思った。

とにかく興味深い話だった。話が終わってから私はさらに、「今後十年間どういう計画を持っていますか」等々いろいろと質問した。そのうち、釣り案内の男が食事だと呼びにきた。デールは時計を見た。「フランクよ、驚いた男だよ、きみは……。三時間もきみは聞きっ放しじゃないか！」と彼は驚いていた。

二年後デールは、テネシー州のメンフィスから電話をかけてきた。彼は、メンフィスに来て講座旅行に加われという。彼は「この仕事はきみに向いていると思うし、第一きみの趣味に合っているよ。それにぼくはきみといっしょにやりたいんだ」といった。

これからお話ししようとする二年間の〝旅行〟はこのときに始まったのである。もし私がこの旅行に加わっていなかったなら、おそらくこの本も書かなかっただろうし、ほかにも本など書かなかったと思っている。それにもし私があの三信条を取り入れていなかったなら、デールといっしょに旅に出る気にならなかったに違いない。

ヴィンセント・ピール博士は、こう書いている。

——どうも説教の効きめがよくない、礼拝者が聞き入ってくれない、とこぼす牧師がいるが、説教はしゃべることだけが能ではない。〝聞き入る〟ことも牧師の任務の一つであることを知るべきだ。

キリストは三年間の伝道期間のほとんどを人の悩みを〝聞く〟ことに費やした。そして、彼自身、導きと知恵が必要になると、一人で丘に登って長い時間瞑想の時を過ごし、主に聞き入ったのである。

要約

相手の話に興味を持っていると態度で示すべし。会話に集中し、心から賞賛せよ。それこそだれもが切に求めながらも、なかなか得られないものである。熱心に聞き入るべし。すぐれた話し手になりたいなら、「会話の機知というものは、何かうまいことをいおうとすることではなく、相手の話のうちに機知を見つけることにある」と心得よ。

一、相手が何に興味を持っているかを知ること

二、相手が喜んで答えるような質問をして、その話をするように導くこと

三、それから〝聞き入る〟こと

自己を律する

正月にいろいろと心に決めることは、大昔から行なわれている。しかし長くて数週間、だいたい三日坊主で終わることが多いのではないか。要は科学的に事を運ばないから失敗するのである。偉大な科学者でもあったフランクリンは、「自制とは狂人に着せる拘束衣のような窮屈なものではなく、なかなか楽しく、しかもためになるものだ」と説明している。

自己を律するということは、フランクリンにとって最大の問題であった。後年、科学者として、彼は一〇五にも及ぶ種々の発明をしたが、自制をいかにして守っていくかという彼の科学的方法は、残る一〇五の発明すべてを足したよりも有益だといえるかもしれない。

フランクリンは〝十三週間方式〟というものを立てたおかげで、成功と幸福、そしてすばら

しい健康をかちえた。彼は八十歳のときに記している。

——私の計画には宗教的なものがないわけではないが、ある特定の宗派に属する特別の教義をそこに織りこむことはしなかった。あえてそうしたのである。いかなる宗派の人たちにも広く効果的に貢献したかった。私は、特定の宗派や人物に偏見を持たないようにした。

——私はいつか本にする日がくると思って、美徳を保つことがいかにためになるものか、そして、悪徳がいかに禍《わざわい》をもたらすかについて書き綴った。題して『徳に至る道』とした。私はその書のなかで、どうしたら美徳を備えられるかという方法は別に書かなかったし、説明もしていない。ちょうど聖書が裸や飢えた人たちに、いかにしたら衣類が得られ、食物が手に入るかについて教えていないのと同様である。

悪徳的行為は禁じられているから有害なのではなく、有害であるからこそ禁じられているのである。

人間の性質だけを考えてもそうなのだ。だからこそ、この世での幸福を願う者はだれでも美徳を保とうと心がける。人一倍人間味に溢れ、しかも実際家だったフランクリンはいう。

——人間なんて完璧に見せようとすればするほど奇妙なものである……。

さらにフランクリンの言葉に耳を傾けてみよう。

——もし神が人間に完璧さを望まれるのなら、初めから完全無欠の人間を作られただろう。あるいは、最高の完璧さに達せられるようにしたかも知れない。……とにかく友だちとつきあっていくためには、人間にはいくつかの欠点が必要なのである。

——事実、私は〝規律〟というものに対して極度に拘束を感じる。私はいつもそのためにいらいらする。とうとう私は〝規律〟などクソくらえという気になった。

——こんな話がある。鍛冶屋から斧を買った男は、刃をピカピカに光らせてくれといった。鍛冶屋は、それなら砥石の歯車を回すのを手伝ってくれ、といい、斧の刃を力いっぱい砥石に当てた。砥石の歯車を回すのは容易なことではなかった。男は毎日来ては、磨き具合がどうなったかを調べていたが、「もういい」といいだした。「いやもう少し磨きましょう。もっと力いっぱい回してください。まだ斑点《はんてん》が残っていますよ」と鍛冶屋はいったが、男は「いや、もういいんだ。斑点のあるほうが私はいい」といったのである。

若きフランクリンは〝十三週間方式〟を週ごとに一つずつなしとげていった。彼はそれを〝魔法方式〟だともいった。彼はこう記している。

——庭の雑草も一度にとろうとしないほうがいい。一つずつ片づけていくべきだ。一つひとつ片づけていく楽しみ、それが日記に記されていくのだ……。


クソくらえ！

最近、汽車旅行でペンシルバニア州のジョンズタウンを通過した。走り去る景色を車窓から眺めていると、不思議なスリルを味わった。汽車は時速一〇マイルぐらいで徐行していたが、突然私の目にポイント・スタジアムの古い球場が飛びこんできた。それは私が五十年も前に試合をした場所なのだ。球場は、大コンモー川を形成するストーニー・クリークと小コンモー川の合流点にあった。

思い出はまるで一週間前の出来事のように生々しく、しかもはっきりとよみがえってきた。チームの選手たちの顔が見える。声も聞こえたし、しゃべっている言葉までが手にとるようにわかった……。

猫背で醜い〝ハンプティ〟バデールは左打者で、すばらしいランナーだったし、かつてお目にかかったことのないすぐれた選手だった。生きていたら、押しも押されもせぬ大リーグの選手になっていたろう。ところが彼はシーズン中に胸を患い、まもなく死んだ。キャッチャーのクーパマン、彼はものすごい送球力を待っており、背の高いブロンドの髪のハンサムボーイだった。ピッチャーの〝チャピー〟チャペル、第二のマシューソンになりえたかもしれない彼は、こよなく〝人生〟を愛していた。チャピーはひと投げしてくると、シャワーを浴びながら、金切り声を出して、「ホルダー、ホルダー」と叫ぶのが癖だった。私にはいまだにこの「ホルダー」の意味がわからない。

……それからバート・コン、私たちの監督の声も聞こえる。彼は私にこういっている。「おいフランク！　お前はクビだ。なまけ者だからだ！」五十年も経ったいま、彼の声は大きく、そしてはっきりと響いてくる。

いろいろなことがあったが、忘れがたい男がいる。デンニー・ウォルフ、私は彼を前々から知っていたわけではない。ただ彼がフィリーズ球団でピッチャーをやっているのを見たことがあった。彼は当時脂が乗りきったところで、一流ピッチャーになれるスジの男だった。しかし、どうして彼が球団を追われたのか、長い間その理由がわからなかった。しかしジョンズタウンに来て、その理由がわかった。彼はアルコール中毒だったのだ。

ある日、デンニーは先発投手に指名された。期せずして、「デンニーのラスト・チャンスだぞ！」という声がささやかれた。みんな一生懸命にやった。だれもかれも、彼を好いていたし、彼を救わなければならないと思っていた。しかし彼はツイていなかった。だが監督は彼に試合を続けさせた。ところが、八回に劇的な終焉がやってきた。スコアが一一対二のとき、デンニーはバッター・ボックスに立った。そして彼は左中間に大ホームランを放ってのけた。しかし観衆の拍手は少なかった。

デンニーはベンチに戻ると、尻のポケットから小さな紙切れを出し、ビリビリに引きさき、監督にぶっつけてこういった。「なんとかいったらどうだ！　こんな紙クズあ、クソくらえだ！」

あとでわかったことだが、この紙切れは、彼がバッター・ボックスに立ち、ホームランを打つ前に手渡された契約破棄の通告書だった。

二日後に仲間の一人が、「おいフランク、きみはフィラデルフィア出身だろう」という。「そうだが……」と答えると、「トニーというバーにフィラデルフィアの仲間がいる。ちょっと具合の悪い状態だ。行って力になってやれよ」という。

私はトニーというこぎたないバーに行った。そこではデンニーが完全に酔いつぶれていた。店ではデンニーが有り金をはたいてしまったので、放り出そうとしていたが、なにしろグデングデンなので、放り出そうにも放り出せなかった。

デンニーのスーツケースはすみっこの机の下に置いてあった。私はそれを手にとり、死人同様のデンニーのからだを持ち上げ、「デンニー、さあ行こう」と言葉をかけた。よもやと思ったが、彼は私を見上げ、私がだれだかわかったらしい。私はもう一度、「デンニー、家に帰るんだ」と静かにいった。

ペンシー駅はすぐ近くにあった。デンニーは自分で歩こうとしていたが、駅に近づくと急に立ち止まり、「オケラなんだ」といった。そこで「汽車のなかでなにか買って食べろよ。気分がよくなるだろう」といって、切符代のほかに余分の金をやった。デンニーは泣きだした。酔っ払いの泣き方だったが、ほんとうに感激しているようだった。

三日後に仲間が、「きみはデンニーを家に帰したといったね」と私に聞いた。「フィラデルフィア行きの汽車に乗ったのを見とどけたよ。家に帰っているはずだ」と答えると、「ところが、奴はトニーにいるんだ。全然へベレケさ。店じゃ、デンニーを連れ出しに来なけりゃ、奴の頭をぶち破るといっているよ」というわけ。

こんどは、私が自分で切符を買い、彼を座席に連れて行き、一ドルにぎらせた。切符は車掌にあずけ、この男から目を離さないように頼んだ。もう一生彼とは会えないだろうと思った。

一年後のある日曜日の朝、私はペンシルバニア州ヘイズルトン駅に降りた。当時私はアトランティック・リーグに所属し、ヘイズルトン市で試合をしていた。ユニオン・リーグは七月四日に解散したので、私はどんな職業をも選ぶ自由があった。その日、ヘイズルトンの町は人っ子一人いないような静けさだった。その町をわれわれ、うらぶれた感じの野球選手たちがスーツケースを持ち運んでいた。

私は汚れた男の顔が町角を通りかかっているのに気がついた。よく見ようとすると、その顔は引っこんだ。どうもその〝顔〟が私を見ているような妙な気分になった。目抜き通りに差しかかったとき、男の顔をはっきり見ることができた。男は、ボンヤリと赤いレンガの塀に寄りかかっていた。明らかに浮浪者だった。顔はすすで真っ黒だった。私は古いバレー・ホテルに向かった。私は振り返ってみた。その浮浪者は私に合図した。彼がだれだかわかった。デンニーだった!

収税吏に会いたくないのと同じように、私はデンニーという男に会いたくなかったのだが、どうしようもなかった。待っているようにと彼に合図した。そしてスーツケースをホテルの部屋に置いてから町に出て、彼と会った。

彼はまったくおちぶれていた。もう六週間も酒を飲んだことがないといっていたが、彼は完全にアル中だった。私は彼を信じなかったが、彼はほんとうにみすぼらしかった。そこで私は聞いてみた。

「きみはいったいこのヘイズルトンでなにをしているんだ?」

「……オレはきみがこの町で試合をやると新聞で知ったので、やっとやってきたんだ」

「デンニー、きみはわずか三年前には、若手のピッチャーだったんだ! いくつになった?」

と思わず聞くと、

「二十六だよ」

「まだ若いじゃないか」と私は彼より年上のような言い方をした(私は十九歳だった)。「いまピッチャーが要るんだ。きみがほんとうに酒と縁を切ったんなら、なんとか力になるし、チャンスだからもう一度花を咲かせたらどうだ?」

デンニーは正直にいった。「オレはきょう戻っても球を投げられない。しかし、一週間余裕をくれたら、球団一のピッチャーになってみせるよ」

私はホテルの裏口から彼を私の部屋に連れて行った。部屋の相棒のジャック・ラップは荷物を解いていた。ジャックは、私が連れこんだ浮浪者を見てもなにもいわなかった。私は小声で、できるだけ簡単に事態を説明した。そしてつけ加えた。

「十日以内にデンニーは今までにない名ピッチャーぶりを見せる。三十日するとだ、きみとデンニーはすばらしいバッテリーとして大リーグ入りだ」

私の予想は半分正しかった。

大リーグという言葉がジャックに効いたらしい。私たちはまずデンニーを風呂に入れた。彼は二週間ぶりで、ヒゲをそった。私たちは彼にあう服を見つけて、キチンとさせた。彼を食堂に連れて行ったときには、黒い髪、黒い瞳の美青年になっていたのには驚いた。デンニーは長い冬眠を終えたクマのように腹をすかせていた。

二日後には、これが同じ男かと思われるほどに、デンニーは見違えて見えた。私たちは彼をグラウンドに連れて行って、監督のジム・ブラディに会わせた。彼は監督に、もうこんりんざい酒は飲まないと誓った。監督は感動して、ヘイズルトンのユニフォームを彼に与えた。

デンニーはその日すぐさま練習に入った。大勢の人たちの目の前で、彼は、野球の虎の巻そっくりの名プレーぶりを見せた。彼はこれまでにやったことのないほど見事なウォーミングアップを見せた。私は少しオーバーなゼスチュアだなと感じたが、練習が終わると、観衆は割れるような大拍手を送った。ブラディ監督はその日のうちに彼と契約をかわした。

早く球を投げないかな、とみんな期待した。

「どうだ、デンニー、もういいだろう?」毎日練習が終わると、ブラディは、決まっていった。

「まだです。もう二、三日余裕をください」とデンニーは答える。

こんな日が二週間続いた。ウィルクスバリ市に滞在していたときブラディは、「デンニー、きょうは本番だ。いいね。きょうを逃がしたら一生だめになるぞ!」といった。

その日スタンドには、アスレチックスのスカウトをしているサム・ケネディが偶然来ていた。サムはかつてユニオン・リーグではボルチモアの監督を務め、現役のときはニューヘイブンの花形一塁手だった。サムは〝将来のスター〟を見つけに来ていた。

私はサムに、ヘイズルトンのピッチャーとキャッチャー、すなわちデンニーとジャックに目をつけるようにいっておいた。試合のあと、サムは、コニー・マック監督ひきいるアスレチックスの掘り出しものとして、ジャック・ラップを拾い上げた。ジャックはすぐさまフィラデルフィアに行き、たちまちアメリカン・リーグの花形捕手になった。

デンニー・ウォルフはどうなったか? その日の彼は、すっかり今までの面目を失った。相手のウィルクスバリのチームはジャンジャン攻め立てた。かつてこんな試合は見たことがない。球はビューンビューン飛び、守備陣に死傷者が出るのではないかと思ったほどだった。

その晩、私は三人の仲間とホテルの食堂で小さなテーブルを囲み、静かに食事をしていた。デンニーもいた。ニュージャージー州ホーボーケン地方の訛《なまり》まる出しのフレディ・ウィヘルリは、生まれながらの道化者だったが、その彼が珍しく黙りこんでいた。彼がモグモグと黙りこくって口を動かしているのを見て、私は「おい、フレディ、どうしたんだ?」といってみた。

「舌が痛いんだよ」と彼はうなった。

「舌ガンにでもなったのかい?」

「冗談じゃない。舌は焼けこげて真っ黒けさ」

「焼けこげた?」と私は驚いて叫んだ。

「そうだよ。外野をめったやたらに走り回らせられたからよ、舌も焼けこげますよ、まったく」とブースカいった。

すると、デンニーは、「てめえのポジションさえ守っていりゃ、目をつぶっていたって球はとれるはずだ。バカバカしい」といきなりどなった。

＊

翌年冬の大雪の晩、試合帰りの一行は夜道を歩いていた。私たちはフィラデルフィアのリッジアベニューのビリー・ザ・バウンサーズ酒場の前にさしかかった。この店のおやじのビリーは三〇〇ポンドもある巨漢で、どんな手におえない酔っ払いでも、軽く店から放り出すので有名だった。

私たちは突然ものすごいわめき声に驚かされた。そのとたん、どうだろう。ビリーの店の開き戸からなにか大きな物体がふっ飛んできた。見れば酔っ払いが降り積もった雪の溝にはまり込んでいる。だれだと思う。デンニー・ウォルフなのだ。

彼は別に怪我をしたようすもなかったが、雪のなかでもがき動いた。私たちは彼が三〇ヤードばかり、這うように歩いたのをじっと見ていた。私たちの一人が、「おいデンニー、お前はもうノビちゃったんだな！」と大声でいった。デンニーはあたりをギョロっと見回すと、「みんなかかってこい。ノシてやる」とどなり返した。だれもデンニーの相手になろうとしなかった。彼はパッとつばきを吐くと、ヨロヨロと立ち上がった。するとだれかが一段と声を張りあげて、「おい、デンニー、腕をどこかに落としてきたのかよう」と、からかった。

デンニーはこっちに向き直った。私は帽子のつばをぐっと目深に引いて、みんなの後ろのほうに立った。デンニーと顔を合わせたくなかった。デンニーは叫んだ。「お前たちの一人や二人はふっ飛ばせるぞ！」

だれもなにもいわなかった。

デンニーはまたどなった。「オレの腕があるかないか見せてやろうか。……雪の球投げをやったって、だれにも負けやしないぞ！　やろうじゃないか！」

いぜん沈黙が続いた。

「チェッ！　だらしない奴らだ！」とデンニーは吐きだすようにいい残すと、立ち去った。

デンニーがだいぶ遠くへ行ったとき、仲間の一人が雪のツブテをデンニーめがけて力いっぱい投げつけた。デンニーには当たらなかったが、ツブテは耳をかすめた。

「社長がおめえさんに会いてえとヨ！」とビル・モリシーがどなった。

デンニーも負けていなかった。

「社長とやらにあ、地獄に行きなと伝えろ！　クソくらえだ！」というと、ヨロヨロと歩いて行った。

第一ラウンドで相手を叩きのめせ！

一九三〇年九月二十七日はアメリカ中の老若男女にとってまったくショッキングな日だったに違いない。全国に流れた新聞は一面大見出しに、

――セントルイス・カージナルス、ナショナル・リーグのペナントを獲得。

という記事をいっせいに載せた。

なにごとによらず、〝ドン底からのし上がる〟敗者の姿は世の中のだれもが好むものである。それを見事にやってのけたのがカージナルスであった。八月には首位と一三ゲーム差あったが、九月には二五試合中二一試合に勝った。だれもかれもがこの驚異的な躍進ぶりに血をわかせ、寄ると触るとカージナルスの話で持ちきりだった。とにかくカージナルスはやってのけたのだ。

しかしこの背後には私にも大いに関係のある、感動的な話があったのだ。

十六年前、私がまだ野球界の裏街道をほっつき歩いていたころは、親友〝ギャビー〟ストリートにも不遇の時期だった。しかし彼はチャタヌーガ市で私にたいへんな慈善を施してくれた。

彼は、橋の上から身投げでもしようかと思っていた私を引きとめ、私の充血した目をじっとみつめ、「きみはまだ大丈夫だ」と元気づけてくれたばかりでなく、自分のポケット・マネーをはたいて、数人の友だちに電報まで打って、私の就職口を探してくれた。私はテキサスのガルベストン球団に拾われたのだが、けっきょくは〝ギャビー〟ストリートという男の信用によるものだった。

十六年後のいま、私は驚くべきカージナルスのトップ記事を見た。あの〝ギャビー〟ストリートがカージナルスの監督なのである。

二日後、新しい優勝チームはフィリーズとの試合でフィラデルフィアに来た。私はいてても立ってもいられず、ギャビーにおめでとうをいいに球場に飛んで行った。息子のライルも連れて行った。私と同じく、息子は非常に昂奮していた。二人はカージナルスのベンチに直接行ってみた。

ギャビーはちょうどグラウンドの端のクラブハウスからスタンド側を横切って、ベンチに向かって歩いてくるところだった。右手には監督用のカバンをさげていた。スタンドの観衆はいっせいに拍手を送った。試合が終わったあとでギャビーが私に語った苦心談を観衆が知っていたなら、きっと全員総立ちになって、まるで英雄でも迎えるように大騒ぎをしたにちがいない……。

彼がベンチに近づいてきたのを見て、私は立ち上がり、「ギャビー」と大声で呼びかけた。

彼は私を見ると、笑いかけ、力いっぱい私の手を握った。ものすごい力なので、私は思わず引き寄せられた。「ギャビー、私をおぼえているかい？　チャタヌーガにいたフランク・ベッチャーだよ」というと、前にも増した恐ろしい力で私の手を握りしめ、「フランク、どうしている？」と答えた。

「元気だよ」と私は彼を安心させてから、「これが息子のライルだ。あんたの手が握りたいそうだ」といった。彼はライルの手を握ると、息子に最高の笑いを見せた。

私はギャビーに「ずいぶん、積もる話があるだろう。試合のあとちょっと会えないか？」というと、「試合が終わったらクラブハウスに来たまえ。いろいろ話そう」と約束してくれた。

二時間後、私とライルはギャビーと個室のテーブルを囲んだ。彼は感動的な話を語ってくれた。

「きみも知ってのとおり、私はえらい酒のみだった。チャタヌーガでは無茶苦茶だった。いつも酒ビンを引っさげて、小さな球団をほっつき歩いていた。落ち目になる一方だった。ところがある日、ノースカロライナの小さな町で、私はブランチ・リッキーに会った。彼はカージナルスの総監督をしていた。ブランチは私にこういったね。〝ギャビー、もしきみが一年間、ピタリと酒を口にしないことができるなら、セントルイスで、私の代わりにやってもらいたい仕事があるんだ〟

一年後、私は長距離電話にブランチを呼び出し、〝ブランチ、ここ一年間私は一滴の酒も口にしてません。あなたがいつかいったセントルイスの仕事ってのはまだやれますか〟とたずねた。するとブランチは〝ここに来るのにどのくらいかかる？〟という。

〝明日の朝にはあなたの事務所に行けます〟

するとブランチは〝いいだろう〟といい、〝これまでにやったことのないことで、ひとつきみに私の手伝いをしてもらいたいんだ。野球選手養成所の仕事なんだ。どうだ、やるかい？〟と説明した。私はしばらく考えたが、〝よしやってみよう！〟と元気でいった。

そこでだ、フランク。二時間後に私は汽車に乗り、初仕事で小さな町のDクラスの野球チームに向かったんだ。町はなかなか気に入ったが、球団ときたら最低のもので、勝ったためしのない奴さ。観客も来ないありさまだ。

私は二、三日チームのプレーぶりを黙って見たのち、球団の所有者のところに行った。この球団は多人数でかかえていたのだが、彼らはみんな私のことを知っていて、いま何をしているのかと盛んに聞いた。私は〝実は選手としてはもう使いものにならない。ただあんた方のチームのような小ぢんまりした奴をひとつ手に入れて、経営してみたいんだ〟と説明した。

所有者たちはいずれも町の小さな商人で、勝ちもしない負けチームに毎週サラリーを払うのが、やりきれなかったらしい。そこで私は安く権利を譲ってもらった。彼らとしても悪い話じゃなかった。

翌日、私はセントルイスに帰り、カージナルスに権利をゆずり渡した。ブランチは私に張り切った若い選手たちを送ってくれた。試合に勝ち出した。ファンもついてきた。この新しい球団が金になるという考えも広まってきた。

フランク、これがいわゆる野球選手養成所のはしりなんだ。その後もわがチームは好調を続けた。ブランチは、さらに私に新しい仕事をいいつけた。それは全国に養成所を設けることだった」

ギャビーの話がひとまず終わったので、どういうことでカージナルスの監督になったのかとたずねた。

「そう、私は休暇で故郷のミズーリのジョプリン市に帰り、台所で新聞を読んでいた。母親は盛んに料理をしていたが、電話が鳴ったので受話器を取り上げた。〝お前にセントルイスからだよ〟といって受話器を差しだした。

〝なんだって？　ほんとうか？　かつぐんじゃないだろうね？……ほんとう？　とにかく明日朝一番で行くよ！〟。私はこう叫んで、イスを足で突っ張ったので、バランスを失ってうつ伏せに床に転げ落ちた。私はしばらく動かなかった。母は私がノビてしまったと思い、悲鳴をあげたひょうしに、フライパンにのっていた料理を床にばらまいてしまった。そして、〝ギャビー、ギャビー、だいじょうぶ！〟と叫んだ。

私は床から顔だけ母のほうに向け、片目をつぶってウインクしてみせた。母は〝いったい何事？〟と聞いた。

そこで、〝オレはセントルイス・カージナルスの監督〟とゆっくりいってやったのさ」

*

ライルと私は大笑いした。ギャビーは私が涙を流しているのを見ていたが、彼も息がつまりそうに笑いこけたので、しばらく何もいえなかった。やがて彼は、まったく意外だったという表情をして、こう語り続けた。

「実をいうと、監督といっても適当な人間が見つかるまでの代理にすぎなかったんだ。しかし、とにかく私は仕事につき、勝ちいくさを続けた。初めのうちはだれもが、〝カージナルスが勝つなんてマグレだよ。そのうちだめになるさ〟とみていた。しかしそうはいかなかった。私たちはとうとうペナントを獲得したのだ。ただ私は、それが全部夢で、またもとのノンベエに逆もどりして、三流どこの球団をうろつくんじゃないだろうか、という恐怖心に襲われている」

ギャビーは謙遜するが、彼はワシントンでウォルター・ジョンソンの捕手だった。彼こそは今までだれもやり得なかった、ワシントン記念塔から落ちてくる球を捕った一人者である。彼は大リーグのなかでも最も元気でエネルギッシュな選手だった。彼はセントルイス入りするや、フランキー・フリッシュや〝ペッパー〟マーティン、〝チック〟ヘイフィー、ジム・ボトムリーといった優秀な選手に大いにカツを入れた。

ギャビーのチームは、翌年もまたナショナル・リーグで覇をとなえ、コニー・マック監督のもとにレフティー・グローブ、ミッキー・コクレーン、ジミー・フォックス、アル・シモンズなどの名選手を揃えたアスレチックスとのワールド・シリーズにのぞんでいる。カージナルスはアメリカン・リーグの王者アスレチックスを圧倒的に打ち破って、ワールド・チャンピオンにのし上がったのである。

私はもう一つギャビーに質問したいことがあった。私がためらっているとギャビーは「いいからいえよ。なんでも聞いてくれ」とうながした。

「実は酒のことなんだが」と、あれほど酒なしでは一日も暮らせなかったギャビーがどうやってピタリと酒をやめられたのかと聞いてみた。

「フランク、それには一つしか解答がない。やめること、とにかくやめること以外にないのだ。ほかには何もない。第一ラウンドで勝たなければ、何ラウンドやっても勝てない。最初の一発が勝負だ。最初の一発で打ち勝たなければKOさ」

「じゃ、それで全部解決できたのかい」と聞くと、

「とんでもない。悪魔は必ず戻ってくる。前よりも烈《はげ》しくせまってくる。ゴングが鳴る。また闘いだ。とにかく、第一ラウンドで相手を打ちのめさなければならないんだ！」と、彼は激しい調子で答えた。

かわいそうなデンニー・ウォルフにこの話を聞かせてやりたかった。私の父親にもこの話を知らせたかった。世の中の若い男女にギャビーがなんといったかを聞かせたかった。

私が生まれてこのかた聞いた唯一の真実の言葉は、「なにごとにもよらず、断わりやすいのは最初である」ということだ。ギャビーは「第一ラウンドでノックアウトしろ！」といっている。

要　約

――やるべきことを必ず実行すると決心すべし。決心したことは成功するように実行せよ。

〝決心〟ということが一度習慣になれば、それに続くいろいろの信条を得ようという努力は必ずや力強いものになろう（フランクリン）

この世の中は、自分自身を訓練するか、あるいは世間によって訓練されるかである。私は自分自身を訓練することのほうを好む。

フランクリンはいっている――徳に背けば奴隷の道、我慢強さは自由の道。

〝ギャビー〟ストリートはいう――相手を第一ラウンドでノックアウトしろ！

聖書にいわく――おのれを征服せし者は、都市を攻略せし者より偉大である。

まず自分自身に支払え

その日はクレイト・ハンシッカーの六十歳の誕生日だった。私は彼と昼食を終えたばかりだった。クレイトは誕生日祝いの大きなシガーに火をつけ、驚くべきことをいい出した。彼があれほどまでに興奮の色を示したのは見たことがなかった。彼は、「実は一万ドルの隠し預金を持っているんだ」と、のどに押しつまったような声でいい出した。

「隠し預金って?」と私は聞かざるをえなかった。

「私の銀行の小切手帳には残金二二〇〇ドルと記入してあるが、実際の残金は一万二二〇〇ドルなのさ。一万ドルは私の小切手帳には絶対顔を出さない」と彼はいった。

私は驚いた。ハンシッカーはわが社の一、二を争う指導的立場のセールスマンだったし、全国的にも名が知られていた。しかし彼は死ぬまで貧乏で過ごすだろうとみられていた。

彼の場合、金は砂時計の砂のように、するすると指の間から抜け落ちていった。

誕生日は彼にとって生涯の最も幸福な日だったろうし、私自身、父親のように思っている彼のために、心が浮き浮きしていた。私は彼の両手をしっかりと握りしめ、「おめでとうございます。そりゃよかったですねえ! その一万ドルをどうするのですか」と聞いた。

「そのままにしておくさ! 預金が一万ドル以下になるのは困るからね」と彼は答えた。

「しかし利子がつかないじゃないですか？」

「利子などどうでもいいのだ」

「それはまたどういう意味ですか」

するとクレイトは急に意気込み、「人間というものは、いくら自分に自信をつけてもまだ足りないものだ。私は隠し預金があるということで自信をつけている。だから、利子などに頼らなくても私は十分にかせげるのだ」といった。

「その一万ドルで、家を抵当にしている借金をなくしたほうがいいじゃないですか」

「もうその借金は払ったさ。何もかもすっかり支払って、ビタ一文借金なしだよ」と答える彼の声は高ぶる感情でとぎれた。

これは驚くべきニュースだった。私は彼の売り上げが、今までにない最高額に達したことを知っていた。だが、収入以上に浪費するのをやめようと何度も決心してはだめになるといったわけで、彼は三十年過ごしてきたのだ。クレイトはその日食事をともにしながら、こんな告白をした。

「金曜日の夜など、週末の食料を買う金もなく家に帰ったことが何度もあった。私は収税吏にも追われどおしだった。私はもう五十六歳、人生も三分の二は過ぎた。四年前のことだ。そこで思い立った。

静かに考えてみると、私は他人にばかり支払って私自身を忘れていた。そうだ、きょう限り、私は私自身に支払うのだ、と決心した。私がかせぐ金の三分の一は、特別会計に繰り入れる。残りですべてをまかなっていかなければならなかった。

当初それは苦しかったし、不可能だと思えた。私は銀行だけでなく、八百屋にも借金をしたし、そこいらじゅう借金だらけだった」

しかし、いまやハンシッカーはすっかり生まれかわったのだ。この考えを尊ぶことによって、彼は世界中にあった借金を清算した。自信か情熱か、とにかく彼は不屈の人物になっていた。ある大会社のお客の一人は、「あの男にはだれも勝てない。私の知っているセールスマンのピカ一だよ」といっていた。

六十を越したハンシッカーは裕福になり、教会の指導者になり、市民活動の有力者となり、最も愛される人物の一人になっていた。

*

「まず自分自身に支払え」というハンシッカーの尊い教訓を、誤解しないでほしいということをつけ加えたい。「まずお客を念頭におき、次に会社、そして最後に自分自身……」とハンシッカーは教えている。〝自分自身に支払え〟ということは、ここでは〝倹約〟という意味にとってほしい。

フランクリンはその金言集でこう記している。

——倹約することを知らない者は、一生うだつが上がらず、のたれ死にをする。

私は浪費にふけり、新しい借金をつくり、収入はいつも前もって借金の抵当になっているというありさまだった。ハンシッカー同様、収入が増えれば増えるほど手もとに残るものは少ないという次第であった。

〝まず自分自身に支払え〟ということが私のモットーになった。この文句を自分の胸に置くだけでなく、勧誘でもたびたび引き合いに出してはハンシッカーの物語をかたった。契約をまとめるとき、私がとりわけ得意とする話だった。この話は私ばかりでなく、多くの人を動かした。

精神病院への近道

ある日、息子のライルからショッキングな手紙を受けとった。ライルはハリウッドの俳優になっており、フロリダのサラソタのロケ先から手紙をよこしたのだ。故セシル・B・デミルが、映画「地上最大のショウ」を撮っていた。デミルはライルにその映画で悪漢の役をやらせた。

お父さん。この前の晩、カフェテリアにいたら、私の席の真向うに汚い服装をした男が座りました。ヒゲはのび放題だし、どう見てもルンペンです。男は話しかけてきましたが、私はイエスとかノーぐらいしか答えませんでした。そのうち、男はフィラデルフィアの生まれだといい、そこへ行ったことがあるかどうかと聞いてきました。「ある」というと、男は、「じゃこういうビルを知っているか」とか、「なになにの建物を知っているか」と聞き、いろいろと町の建物の名前をならべました。「イエス」と答えると、男は「それはほとんど私が建てたんだよ」といいました。それからしゃべり始めました。

「おい、きみに有益な秘策をあげよう。数年前だが、保険会社の友人が私に一七万ドルの生命保険を売りつけた。私はそれで飲んだり、相場をやったりして、その保険の友人の忠告を聞かずに、けっきょく、保険証書をすべて現金に替えてしまった。私の事業は傾き、すべてを失った。きみのご覧のとおりの姿だ。とにかく、きみ、悪いことはいわん。保険に入って女房や子供たちを守ってやるべきだ。けっして売り払うもんじゃない。年をとらないとわからないだろうが……」

私が立ち去ろうとすると、男は私の名前を聞きました。「ベトガー」だと答えると、男はまじまじと私を見つめ、「きみはフランク・ベトガー、あの『失敗から成功へ』(邦題『私はどうして販売外交に成功したか』)という本を書いた男と関係があるのか?」と聞きました。私が「ええ、それは父です」というと、「そうか、そうか。いま話をした保険会社の男というのが、きみのオヤジか!」といいました。

私は彼の名を聞きました。男は「ボブ・テーラー」と名乗りました。「あなたはハリス・

アンド・テーラー建築会社のお一人ですか？」と聞くと、「そうだよ」と答えました。お父さんには彼がだれだかおわかりでしょう。彼は今いろんなことをしてやっとその日を送っています。

この話に出てくる人物には仮名こそ使ってあるが、全部本当の話である。私は旧友の苦境を知って動揺した。一時彼は百万の金を持っていた。それがどうして無一文に近い姿になったのか、私にはよくわかる。というのは、私にもこんなことがあったのだ……。

ある九月の晴れた日だった。ある公共事業団の最高幹部の一人を訪問して帰るとき、彼は私をドアのところまで送ってきた。私は彼が株で一財産作ったということを知っていた。彼は私に「きみはやり手だが、どうして株で一もうけしないんだ？」と聞いた。

なにがやり手だ。私は一度だって自分がやり手だと思ったことはない。私は町に出るまで考え続けた——彼がいうようなやり手だったとしたら、オレはこんなバカな生き方をしなかっただろう。

その晩、私はみじめな気持ちでベッドにもぐり込んだ。別になにかを失ったわけではなかったが、精神的に満たされない、みじめな気持ちだった。ほかの連中は、なんだってあんなに簡単に、しかも早いとこ金もうけができるんだろう？　そう思うと気が安まらなかった。

翌朝、起きるとすぐに、友だちの株屋を訪ねた。彼に〝隠し財源〟の計画を話すと、彼は私を見て笑った。そして今まで聞いたこともない会社の株で金を何倍にもすることを教えてくれた。彼は一つの会社の名をあげた――その会社の株は急激な値上がりを見せているのであった。その株は一ドルで売りに出ていた。「この会社の計画が発表されたら、クリスマスまでには株価が百倍になるよ」という。その夜、私は大金持ちになった気持ちでベッドに入った。私は〝大会社〟の株を四〇〇株買い求めたのだ。

そのころ、私は郊外にちょっとした家を建てる計画をしていた。しかし、いったい金をどう工面しようか悩んでいた。ところが事態は一変した。私は金持ちになる……。金持ちの仲間入りをしてなにが悪いんだ？

翌日、私は家屋周旋屋に電話して家を買うことにした。二十分もすると係りの者が私の事務所にやってきた。私は契約をして家を買った。なにを抵当にしたって？　すべては予期していたものの二倍はしたが、とにかく早いところかせいで、金を返すしかないと決心した。

それからというものは、毎日のように株のブローカーから電話がかかってきて、「ユナイテッド・アシュカンスとコンソリデーティド・ガスパイプに耳よりな話があるんだ」といってきた。しかし私は、「ジョー、きみも知っているじゃないか。おれはメインラインに新しい家を買ったばかりだし、もう投資資金などありゃしないよ！」といった。

ところが、彼は「金など一文もいらないんだ。きみはいまじゃ見返り物資をうんともっているじゃないか」といって、私にアシュカンスとガスパイプの株を買わせた。

翌日、月曜日の朝、私は会社の打ち合わせ会の議長だった。私は自分がいかに金持ちになりつつあるかを、熱を入れて説明した。会議が終わったとき例のブローカーから私に急用があるとの言付けがあった。そこで電話をすると、「きみ、株が暴落したんだ。昼前に金を持って来てくれないか」という。

私は会計課へ行って、ちょっとまとまった前借を頼んだ。会計係は驚いて私の顔を見た。彼はいましがた私の演説を聞いたばかりなのだ。そこへ電話がかかってきた。彼は「ベトガーさんはここにいます」と電話口でいい、受話器を私に差し出した。また例のブローカーからだった。彼は興奮していた。「フランク、あれからまた大暴落だ。用意してくる金を倍にしてくれ！」と息せき込んでいった。

一九二九年のパニックが来たのだ。私が買いこんだ株がクリスマスには百倍になると前に書いたが、クリスマスには七五セントにしかならなかった。二月に入って市場は正常化した。手を引くチャンスだったのに、私はまた甘い汁を吸う夢を追った。しかし数ヵ月後また下落し始め、この状態が十年近く続いた。

私はなにもかも失っていくのではないかと、この上なく臆病になった。もし私が生命保険に入っていなかったなら、あのボブ・テーラーのようにめちゃめちゃになっていただろう。

仕事に対する情熱など、どこかへすっ飛んでしまった。私は自分の売り上げに全然自信がなくなったし、成績を知る気にもならなかったので、記録をとることをやめてしまった。これがいちばんいけなかった。

その当時の私のドン底の心境と失意は、だれにも想像のつかないものであった。私は友だちにも、仕事の同僚にも、そして家族のだれとも顔を合わせる気にならなかった。私は死んだほうがましだと思った。チャタヌーガの橋の上に立って、あの野良犬を見たあの日のことを思い出した。

私は思い出のフェアマウント球場へと足を運んだ。私はリッジアベニューに行き、マクダニエルとドナヒューの酒場《サルーン》の前を過ぎ、ナッソー街に行った。レンガ造り、四間のみすぼらしいあばら屋——私はそこで生まれたのだ。貧しさの限りを尽くしていた子供時代のことが目に浮かんできた。カビ臭いパン、つぶしとうもろこし、三セントのミルク・クリーム……その日その日の食いものにも困っていた。「浪費は道徳的罪悪だよ!」と私たちにいい聞かせていた母の声が聞こえてきた。そういい聞かされて育ったフランク・ベトガーが、賭けをして金を失ったのである。私はこの上もない罪を犯したのだ! なんのために……? 金を作る……大金をつかむ……苦労なしに手早く……。

祈るほかなかった。私が生まれたナッソー街で私は祈った……。私はすべてを神に一任した。

要　約

自由になりたかったら、金をもうけることと同じように、貯えることを考えるべし。浪費をやめよ。そうすれば手元不如意や収税をあざむくこともなくなるだろう。

フランクリンはいう。

――うそをつくことが世の中で二番目に悪い。第一の悪徳は借金である。借金はうそのはじめである。自由を確保し、独立を維持せよ。節約して自由たれ……これが賢者の道である。

賢者に学べ。

まず自分自身に支払え。

うそ発見器

私が一年間、フィラデルフィアのベンジャミン・フランクリン・クラブの支配人をしていた当時、ドレクセル工芸学院にヴァン・タイン教授という、うそ発見器の権威がいた。彼はある日、婦人晩餐会の年次大会に出席して、うそ発見器の披露に及んだ。彼はどんな有能な弁護士もやらないくらいの面白い、気のきいた反対尋問をやって、大いに拍手喝采を受けた。

彼は、私たちが答えることのうち、どれが本当でどれがうそかを見きわめるいろいろなテストをやってみせた。私自身テストを受けたからわかるが、それでなければ、インチキだと思わざるをえないだろう。

教授は二組の男女をあてずっぽうに指名して、その四人を部屋から出し、廊下をぶらつき歩いてもらった。私は二組の男女のうち男の一人に選ばれていた。もう一人のほうの男は市外に出て、公衆電話から指名電話をかけた。交換手は、「電話をおかけになっている家には、ご指名の方はおられません」と返事した。私たちはこのことを前もって知っていた。なぜなら、彼が「指名電話した」人物は私たちの会合に来ていたからである。

指名相手が留守である以上、交換手は二五セント銀貨を返したが、その男はわざとそれを料金箱に残してきた。私を含めて他の三人は同時に、電話ボックスに入った。三人とも二五セントを見つけてとろうとした。三人のうちだれかが銀貨をとった。

四人はまた宴会場に戻ったが、実際に銀貨をとった者以外はだれが二五セントを持っているのかわからなかった。

教授はいとも巧みに四人の人物を別々に尋問していった。私たち四人は四人とも、銀貨などとらないと否定、だれがとったかも知らないと答えた。教授の尋問につれて、二つの針が、容疑者の血圧と呼吸の反応を小刻みに刻んでいくのが、だれの目にもあざやかに見えた。筒にまかれたグラフの紙に、針の不規則な動きが上下して、記録を記した。まるで殺人犯を見つけ出すのを見守っているかのように、一同は緊張していた。

とうとう動かしがたい証拠が出た。教授は私を指さして、「これが犯人だ!」といい切った。一同が大きくため息をついた。教授が指摘したとおりだったのだ。「この機械をまちがいなく操作するには、何度か手がけることと、長い間の経験からくる熟練が欠かせません。いずれにしても、人間はだれにでも多かれ少なかれ、うそを発見しようという本能はあるものです」と、教授はいろいろと実験を見せてくれたあとで、こういった。

私には教授のいわんとすることがわかった。セールスをしていた時分、私は週の幾日かをクレイト・ハンシッカーについて見習いをやっていた。彼がどうやって仕事を完成するのかを見たかった。そしてアメリカで屈指のセールスマンといわれた彼が、どういうふうに人に話しかけるかをこの耳で聞こうとした。

やがて私は、最も重要な要素の一つをつかみとった。ハンシッカーが訪問先をたずねるときに気づいたことだが、彼には何か隠された力があった。彼の会う人だれもが、彼がしゃべり出す前から、話に答えられる準備をしているようなのだ。これは一つにハンシッカーの人となりが、彼に有利なふんいきを作り出していたのである。彼は人一倍誠実たらんとする強い性格をもっていた。

ハンシッカーのこの信条を奉じたために、私は大きな仕事をふいにしたことがある。いまお話しした婦人晩餐会の数ヵ月後の出来事である。私の有力なお客であったある建築業者が、市役所に私を連れて行き、〝市のボス〟に会わせてあげるといった。そのボスが市長でなく、政界の陰《かげ》の実力者だったときの私の驚きようを想像していただきたい。

それだけではない。〝私〟をフィラデルフィア市長にしようと彼らがいいだしたとき、私の心臓は止まりそうだった。小学校すら出ていない私、政治経験もなく、なんら幹部教育を受けていないこの私を、アメリカ第三の都市フィラデルフィアの市長にするというのだ！

「なぜ私を市長にしようとするのです？」と私は聞いた。

すると大ボスは、平然として、「私たちにはあなたを選べるからですよ」と静かにいった。

そして、「あなたは貧しい家庭に生まれ、いばらの道を歩んだ……最初に失敗……ところがその後大成功……まったくあなたは立志伝中の人なんですな。私たちは絶対多数であなたを選びますよ」という。

「いや、あなたは見当違いの人物を選ぼうとしていられます」と私はいった。

「それはいったいどういう意味ですか」と大ボスは怪訝《けげん》な顔をした。

「私がフィラデルフィア市長に選ばれるとすれば、市民を代表していなければなりません。私は陰の力のいうなりにはならないでしょう」と説明した。

私は二人の男がじっと私を見て、反応を示したことを読みとった。二人とも私がまじめにいっていることがわかったに違いない。私が本当の気持ちをいっているかどうか、うそ発見器の必要はなかった。

……彼らが私に接近したのは、これが最初であり、最後だった。

＊

一九二〇年、有名な連邦判事のケネソー・マウンテン・ランディスが引退し、プロ野球のコミッショナーに就任した。アメリカ球界の最高権力者としての彼の年俸は四万ドルにすぎなかったが、百万ドル出してもよかった。彼はまったく恐い者知らずの男だったし、完全に公平な男だといわれていた。彼はアメリカで最有力な石油会社の収賄事件を取り扱い、二九二四万ドルの罰金をいい渡したことから一躍有名になった。

彼がコミッショナーになった直後、野球界に一大スキャンダルが起きた。

その前年のワールド・シリーズは、シカゴ・ホワイトソックスとシンシナティ・レッドレッグスの対戦だった。この試合で、あるバクチの大組織がホワイトソックスの選手を買収し、試合に負けさせようとしていたことが発覚した。シリーズが開かれたとき、一〇対一の割合で、シカゴの勝ちが絶対有力視された。ホワイトソックスは最強力チームと目されていたのだ。ところが、百万の野球ファンの目の前で、五対三で、レッドレッグスがホワイトソックスを打ち破ってしまった。

ランディス判事の腕の見せどころがきた。有名なシカゴ裁判である。ホワイトソックスの有力選手八人が起訴され、たちまち〝ブラックソックス〟の異名をとってしまった。八人とも野球界から永久追放された。

この大事件でプロ野球は試練に立った。メジャー・リーグは名誉を失い衰退しかけた。しかし禍《わざわい》変じて幸いとなった。ランディス判事のおかげで、ワールド・シリーズには賭け屋が指一本ふれることができなくなった。かくして、野球はアメリカ国民の生活の規範としての地位を占めることができるようになったのである。

敵をなくす方法

私はある朝、町で偶然に友人に会った。世間話をしているうちに、突然友人は声をひそめて、「フランク、ジョー・ドークスっていったい何者なんだ？　彼はきみの会社に関係しているんだろう」という。

「うん、そうだよ」と答えると、彼は、「オレはどうもあの男は虫が好かん。彼はみんながいっているような大物なのかい？」といった。

実をいうと、私もかねてから、ジョーの好ましくない点についてだれかと話したかったのだ。そうすれば気がすむのにと思っていた。私はどうも彼とは友だちになれなかった。彼が私の悪口をいっているということも、再三、人から聞いていた。互いに礼はつくしていたが、なにか、彼が私を好いていないということを感じていた。それがなんだか具体的にいえないが、お互いにお互いの存在がけむったいのだ。

ところが、私はジョーについての嫌な面を話すかわりに、彼の〝よい面〟を話した。たとえば、ジョーはいい家庭人だとか、やり手で仕事には明るい、それにわが社でも最優秀なセールスマンの一人だということを説明した。しかし、ジョーに対する見方を変えようとしているふうにも見えた。

私の友人は非常に驚いたようだ。しかし、ジョーについて私が答えたことが、ジョーの耳に入っていたことはたしかだった。


その後どうなったか別に聞かなかったが、ジョーについて私が答えたことが、ジョーの耳に入っていたことはたしかだった。

数日後、ジョーが私の事務室に入ってきた。座らないかとすすめると、人に会う約束があるからといって辞退したが、私としゃべりたいようすだった。私と彼の間をふさいでいた目に見えない幕はとり除かれていたのだ。

彼が行ってから私は考えた。〝実に不思議だ。あの男が私の事務室に来るなんて、まる一年ぶりだ〟

ところが、その後まもなく、ある日の午後遅くなって、彼は女房を連れて私の事務室にやってきた。

「きょうはワイフ・デーでね。これから食事をして、二人で映画にでも行こうと思うんだ」と笑いながら話しかけてきた。もちろん彼の妻が私の事務所に来たのは初めてだったが、三人とも愉快に話をした。この日以来、私とジョーは無二の親友になった。

私は、〝人を批評する〟というあのガンにも似たいやな病菌に、私自身が冒されていたのかと思うとゾーッとした。〝口数が多い〟〝しゃべりすぎる〟ということがどんな結果をもたらすかについて無知だった。要するに人についての批評は、いったそのとおりに伝わることはないのだ。

こんな実例をお話ししよう。

デール・カーネギーは生徒の一人を教室の外に連れ出して、短くまとまった話を聞かせた。次にこの生徒から他の生徒に同じ話を伝えさせた。こうやって約三五人の生徒に次々に一人ずつ話を伝えさせてみた。この間、授業は平常どおりに行なったが、最後の生徒が教室の外に出て行ったとき、カーネギーは、残っている生徒に、最初に外に連れ出した生徒に話したのとまったく同じ話をして聞かせた。

ところがおかしなことが起こった。最後の二人の生徒が教室に呼ばれた。最後に話を聞かされた生徒は、全員の前で、どんな話を聞かされたかを語った。彼が話した内容は、カーネギーが話したものとは似ても似つかぬものになっていたのだ。全員はこれを聞いてドーッと笑った。

カーネギーの元の話のとおり残っていたのは、〝家〟という言葉だけだった。われわれ一同が大いに笑ったので、話をした生徒はギョッとした。彼は話しされたままにしゃべったのだと、ムキになった。そうにちがいなかった。また他の者もみな同じことを主張した。だれにも罪はなかったのだ。

カトリックのえらい牧師さんがこんなことをいった。「十戒を破りましたと訴えてくる者は多いが、〝うそをいいました〟と告白する者は一人もいない。これこそわれわれのだれもがしばしば犯す罪なのだ」

フランクリンは、敵を一掃するのに一番いい方法を発見した。彼はこういっている。

――私は人の悪い面は口にしない……いい面だけを話す。

私はこの信条を仕事に適用してみた。それは他人の信用を得るための最短距離だった。〝競争相手〟をほめることだ。

私は何度かミズーリ州のカンサス市に行った。私は有名なロー・バートル知事に、その任地で会う機会は得なかった。しかし最近、プエルトリコのサン・フワンで彼に会う好機をつかんだ。それは、私が休暇をとって、妻といっしょにプエルトリコへ行ったときのことだった。

ひとたびロー・バートルに会った人はだれでも彼を忘れられなくなる。彼は、私がこれまでに会った人物のなかで、一番の巨漢だ。体重二九〇ポンド（約一三一キロ）、身長六フィート強（約一九〇センチ）……争いには持ってこいの体格だ。

妻と私は、カンサス市の人たちがなぜ彼に好意を寄せ、歓迎しているのかがわかった。私たちは、青く美しいカリビア海を一望に見渡せるヒルトン・ホテルのテラスで、彼と楽しい会話を重ねたが、そのとき彼が私たちに話してくれた短い話がその謎のカギだった。

「私は〝小さな黒い手帖〟を持って歩いていた。この手帖には、私を裏切った連中とか、気にくわないことを私にいった人間の名前を記入することにしていた。なぜこんなことをしたのか。それはいつかその連中に〝仕返し〟をしてやろうと思ったからなのだ。

ところがある日、俳優のウィル・ロジャースの言葉を目にした。彼は〝私は嫌いな人間に出会ったことがない〟と書いている。この言葉に私は取りつかれた。私は自分には宗教心があると思っている。しかし突然にして、私の〝黒い手帖〟は〝憎悪の手帖〟でしかないことに気づいた。私は〝黒い手帖〟を棄て、〝憎しみの記録〟を消したのだ！　以来私は神の慈悲を受けて暮している。ロジャースから受けた一つの暗示で、まったく新しい幸福の道が私の目の前に開かれた。黒い手帖を持っていた時代よりもはるかに友だちができた」と、バートル知事は語った。

ロジャースは一般にユーモア俳優だと思われているが、実はそれ以上の偉大な人物なのだ。彼は同時代の連中のなかでもおそらく最も有名な男だっただろう。彼がそれほど有名になったのは、いろいろためになる話をしたからとか、縄投げが上手だったからばかりではない。彼は人間を幸福にすることのできる偉大なタレントだった。

ロジャースは、彼の先祖がチェロキー・インディアンだったことを誇りにしていた。彼は、「われわれの先祖はメイフラワー号でアメリカ大陸にやってきたのではない。メイフラワー号を迎えたのだ！」といっている。

バートル知事とサン・フワンで会った直後、私たち夫婦はオクラホマ州のタルサに旅行した。私たちはロジャースの古戦場クレアモアに立ち寄り、ウィル・ロジャース・ホテルに泊まった。そして翌日、ウィル・ロジャース記念館を見学した。私たちは、ジョー・ダビッドソン作のあのすばらしい心温まる微笑をたたえた青銅像の前に五分ほどじっとたたずんだ。その台に刻まれてある〝私は嫌いな人間に出会ったことがない〟という銘を繰りかえし繰りかえし読んでいるうちに、その微笑の意味がほんとうにわかったような気がした

きみは臆病者

私がセントルイス・カージナルスに入ってまもなく、われわれはマサチューセッツ州のボストンでブレーブスと試合をした。私はそこで試合をすることに特に興味をそそられたので、フィールドに出るのが待ちきれないほどだったが、それにはわけがあった。

私はそれまでボストンには行ったことがなかったが、そこから約三〇マイル離れたヘーバリルには行ったことがあり、そこでニューイングランド・リーグ所属のヘーバリル・チームに属して働いていた。監督のビリー・ハミルトンは、かつて大リーグの有力選手として鳴らし、真に偉大な選手でもあった。しかし監督としてのビリーは、非難と恐怖をもって選手たちを動かす、激しやすいアイルランド人だった。彼らの仲間入りしたその日から、彼は私のやることなすことすべてにケチをつけた。三日目にアラバマ州モービルから大柄でハンサムな投手がわれわれの仲間入りした。その投手は汽車で二十四時間ゆられてやってきたのだが、監督は彼が到着するとすぐピッチングをやらせた。

さて、この仲間の投げた球はどれもこれもみな遊撃の方向に打たれるようだった。そしてご想像どおり、私がそのときの遊撃手だったのだ。グラウンドはひどくデコボコしていたので、球はイレギュラー・バウンドし、私のムコウズネや胸、頭にはね上がった。幸いエラーは四つですんだが、私にはその倍もエラーしたかと思えた。

そのとき監督が私と新米の投手に浴びせた言葉ほど乱暴な言葉をそれまで耳にしたことはなかった。私は気持ちがひどく混乱して、完全にアガってしまった。新米の投手も私同様で、試合は一四対三でわれわれの敗北に終わった。

その夜、私は何も食べられなかった。他の選手たちが夕食を食べている間、私はホテルの前に出て、今後どうすべきかを考えようと努めた。まもなく監督が出てきた。彼は私には目もくれず、歩道のへり石のところへ行って日よけ柱に寄りかかった。彼も私同様、食事がノドを通らなかったようだった。

そのうちほかの選手たちも次々と外に出てきたが、だれもが監督を避けていた。最後に、大柄でハンサムな南部人であるその日の負け投手が出てきた。彼はくよくよしない人種だった。彼は大量の食事を平らげ、心から満足している様子で、ヨウジで歯にはさまった七面鳥の肉をほじくり出していた。彼は監督のところへ行き、おおらかに笑いながら、「ねえ、ビリー、きょうはボクだいぶ調子が悪かったね」というと、ビリーは「うん、で、あすはもっとひどくて、とても見ちゃいられないだろう」とかみついた。

そして実際そのとおりだった。

その夜、私はハミルトンのところへ行って、ユニフォームを手渡した。「何だい、これは?」とたずねる彼に、私はほとんどささやくように「やめます」と答えた。

「くよくよするな」と彼はいった。「あす出場して本当の力を見せてやれよ」

「だめです。あした出ても球をつかむことはできないでしょう」

「臆病者め!」ビリーはどなった。

翌朝、私は一番列車でヘーバリルを立った。クラブの会長は私を自由契約選手にしてくれたのだ。

*

……というしだいで、ビリー・ハミルトンは、その後まもなく私の名前がセントルイス・カージナルスのラインアップのなかにあるのを見つけたときは、非常に驚いたに違いない。最初われわれがボストンで試合をしたとき、ビリーはヘーバリルから三三マイルの道のりをかけて、私があの〝臆病者〟の〝二流選手〟と同じ男であるかを確かめにやってきたとのことだった。

私は、こわくてスタンドを見上げることができなかったから、彼を見たわけではない。しかし私は彼が群衆のなかのどこかにいることをはっきりと感じていた。

私はビリー・ハミルトンとの苦い経験を口にしないつもりだった。事実、私はいつもそれを忘れようと望み、現在までだれにもこのことを話していない。しかしそれは私の人生に重要な意味を持っていた。

ヘーバリルでの三日間に、私はすっかり元気を失ったが、カージナルスとの最初の三日間はもっとひどかった。第一日に私は三振を喫した。……二日の後われわれはピッツバーグに到着した。大リーグで最初の鉄筋コンクリートのスタジアムであるフォーブス・フィールドが完成したところだった。選手たちは口々に「われわれはピッツバーグと試合するのでなく、ハンス・ワグナーとやるのだ」といっていた。それはけっして誇張ではなく、みな、この大プレーヤーについて感じていたことをいったまでだった。

ブレスナハン監督は私に遊撃手のポジションを守るよう命じた。これは私がセントルイスで第一回から最終回まで交代なしでやりとおした最初のゲームだった。七回までスコアは三対二でわれわれが勝っていた。ワグナーは一塁に出ており、もう一人の偉大な走者トミー・リーチは三塁にいた。投手が第一球を投げたとき、ワグナーは二塁盗塁を試みた。その日の捕手フェルプスの送球はすばらしく、二塁に入ってそれを受けとった私はワグナーをらくらくタッチアウトできそうだった。

ところが、走ってきたワグナーは途中で止まってしまった。私は一瞬彼を見つめてから彼にタッチしようと手を伸ばした……しかし彼はあとずさりしていき、そして困ったことに一塁に向かってゆっくりと走り出した。私は判断に迷い三塁の走者リーチに目をやると、彼は両腕を組みベースの上に立って休んでいた。そこで私はワグナーを追いかけたが、そのとき彼が〝飛ぶオランダ人《フライング・ダッチマン》〟と呼ばれている理由がわかった。われわれ二人が全速力に移ると、リーチが本塁めがけて脱兎のごとく突っこんでいった。私は全速力で走りながら本塁へ送球した。ところが球はキャッチャーから二〇フィートもそれて、カージナルスの補欠選手が一〇人ほどずらりと腰を下ろしてなりゆきを見守っているコンクリートのベンチに弾丸のように直接当たった。彼らがよけるひまもなく、球はあちこちにはね返り、頭をかすめて、ついに監督のアゴに当たった。私の暴投でランナーは一掃され、試合は片がついたが、それはまた私の片をもつけたと思った。

試合終了後、監督は私にそばへ来るようにと合図した。彼は私を隣りの席に座らせて穏やかにたずねた。

「きみ、自分のあやまちがわかってるかね？」

「はい」

「何だね？」

「あんなに力いっぱい走らずに、コネッチー（一塁手）に球を送るべきでした。そうすればコニーは本塁に送球して、らくにリーチを殺せたと思います」

「そのとおり」。監督は苦笑し、親しげに私の背中を軽くたたいた。

……もしブレスナハンが私の失策に対してビリー・ハミルトンのような扱い方をしていたら、私を彼のチームにとって役に立たないものにしてしまっていただろう。その日以降、私はブレスナハンのためなら片足を折っても試合に勝つよう努力しようと誓った。

人を信頼することは、その人を助ける第一歩なのだ。

そのチームの主将ミラー・ハギンスは選手の士気を高めるすばらしい方法を知っていた。彼は各選手の最好調にあったときの姿をいつも頭に描いていた。だからスランプがくると、ハギンスは非難する代わりに、選手が最好調にあったときの姿を思い出させその姿を取り戻すよう努力させた。それは功を奏した。この彼のやり方は、のちにハギンスがヤンキースの監督に選ばれ、ニューヨークで大成功を収めるのにかなり役立ったことと私は確信している。

野球選手時代に私は、非難は選手を傷つける以外、けっして何の役にも立たない、ということを知った。さらに、賞賛と激励が平凡な選手をスターにし、やがてそれがチームに調和と闘志を生み出し、彼らをペナント獲得のため一段と努力させることも知ったのだ。

要　約

一、敵を破るには、偉大な外交官でもあったフランクリンの信条、すなわち「人の悪口をいわず、その人について知っているよい面を話す」という方法こそが最良である

二、人はだれでも自分は重要であると感ずることを好む。人は賞賛に飢えている。お世辞で

なく、正直な、真実の賞賛に飢えている

三、野球選手時代に私は、非難は選手を傷つける以外、けっして何の役にも立たない、ということを知った。逆に、正直な賞賛と激励が平凡な選手をスターにすることも知った。野球選手引退後、この信条は事業においても、家庭においても同じ結果をもたらすことを知った

アメリカ国民の第一の関心事

あなたは〝生活がうまくいくための第一の要素は何だと思いますか〟ときかれたら、何と答えるだろうか。シカゴ大学では、この質問に対するアメリカ国民の回答を得るため、二年の歳月を費やして全国調査をした。この調査は圧倒的多数の成人の第一の関心事が〝健康〟であることを示している。

アメリカ国民のいう健康とは何だろうか。死亡率の統計では、アメリカ人の寿命は最近数年間に四十九歳から六十九歳と二十年も延び、きわめて健全であることを示している。しかし健康を死亡率の統計だけで測れるだろうか。満員の病院、サナトリウム、診療所などから違った答えが出てきている。次に事実を見つめてみよう。

寿命が延びたといっても、それは大部分、幼児や子供の死亡率が低下した結果にほかならない。医療の方面からは、ジフテリアや腸チフス、猩紅熱《しょうこうねつ》、天然痘、小児マヒなどの伝染病減少

という驚くべき成果をみているが、一方、ガンや心臓病、糖尿病といった変質性疾患は驚くべき率で増加の一途をたどっている。

健康――それは長年の間、私にとって第一の問題だった。私は生来病弱で、生まれて数年間はほとんど屋内にとじこもって他の子供たちが遊ぶのを見て過ごし、また天然痘以外、あらゆる子供の病気という病気にかかった。近所の人たちは私の母に「奥さん、お宅の坊やは育ちませんよ。坊やの世話をしたり、ほかの仕事をしたりしていては死んでしまいますよ」といった。しかし母はいつも「お医者さんはね、私がフランクを十六歳まで育て上げれば、この子はきっと長生きするだろうっていっているのよ」というのだった。すると近所の人たちは「そりゃそうかもしれないけれど、独り身のあなたには無理よ」といったものだ。ところが母は立派にやってのけた――彼女が八十三歳になるまでに。そして私はいまこのとおり七十二歳、これからの十年間を私の生涯の最も重要な十年だと思っている。

私が十二歳のとき、驚くべきことが起こった。世界一〝強い男〟として有名なユージン・サンドウがフィラデルフィアのケイス劇場にやってきた。劇場側の発表では、土曜日の特別興行でサンドウがどのようにして病弱の身から世界一〝強い男〟になったかを説明して聞かせるというのである。

これを聞きのがすことはできない！　私は大衆席に座った。サンドウの現れるのが待ちきれなかった。後ろで図体の大きい警官が「脱帽」と叫び、警棒で床をたたいた。電灯が消され、カーテンが上がり、サンドウが出てきた。

彼の皮膚は見るも見事に引き締まり、見たことのないほど完全な体格の持ち主だった。私は、彼の父が彼を病人用の車イスに乗せてベルリンの劇場につれて行き、〝強い男〟の演技を見せた話を狂喜して聞いた。その男は漸進的運動法という簡単な方法で病気を克服したのだった。サンドウはその夜は感動をおぼえたと語り、それらの運動をやってみせた。そして運動をしている間中、どのようにして信頼と勇気の思想を持ち続けるかという重要な点を話した。サンドウが大衆席を見上げて「私にできることはあなた方にもできるのです」といったときは、私を直接見つめているように感じた。涙が私のほおを伝って流れた。その夜、私は新たな希望をもって家に帰った。それはサンドウのように健康な人間になろうという決意だった。

私は毎日学校が終わるとすぐ家に帰り、サンドウの指示に従った。私はそれを厳正に数年間続けた。〝強い男〟になろうというあこがれは毛頭もっていなかった。ただ、校庭にいるチビ連中をいつも片っぱしからなぐっていた腕白坊主のように強くなりたかった。

一年の後、私は毎朝五時から七時まで新聞配達をしながら一定のコースを回れるようになった。十八歳のときプロ野球選手になった。この肉体的恩恵に加えて、こうした運動を毎日やるという自己訓練が、後年〝フランクリンの十三週間計画〟を続けてやりとおす上で大いに役立ったと思っている。

この少年時代の経験は主に若い世代のために書いたものだが、次の話は、下は八歳から上は八十歳まで広い世代の役に立つと思う。

＊

ある日私は、のちに有名になるフレッチャーというニューヨークの男の記事を新聞で読んだ。この人はかなり進んだ胃潰瘍に悩まされ、ごく淡白な食物も受けつけず、事実上餓死しかかっていた。

ところがフレッチャーは食物をひと口ごとによくかんで食べた。彼の言葉によれば、それが牛乳状になり、そして実際甘くなるまでよくかんで食べて、病気を治したという。フレッチャーは五十歳になってから、アメリカのオリンピック代表となり、医学およびスポーツ界を仰天させた。彼は砲丸投げと重量挙げで記録を樹立した。彼の法則は、食物をひと口ごとに三二回かむということであった。食物を〝フレッチャライジング〟（よくかむ）するという言葉まででてきて、これは広く知られるようになった。

このようなことで悩まされるのは、生まれつきからだの弱い少年だけかもしれない。私は現在まで六十年近くもこの〝フレッチャライジング〟を続けてきた。だれも私以上に食物を味わった者はあるまい。私は何でも食べるが、消化不良を起こしたことはない。

野球選手になってから、飲酒で大リーグの地位を失った選手たちの話をかなり耳にし、実例も目にしたが、飲酒がもとでやめた者一人に対し、食べすぎで病気になりやめた者はおそらく一〇人に及ぶだろう。

ひと口ごとに三二回かむこと――〝フレッチャライジング〟――は、ただ食物を適当に咀嚼《そしゃく》するということだ。十分咀嚼すれば、食べすぎることもない。それは唾液の分泌をふやすから、消化不良や潰瘍などにはけっしてならない。しかも正常な体重を維持するのに役立つ。私の体重は五十年間ほとんど変わらず、病人用の規定食などとったことがない。フランクリンは書いている――私は空腹で死んだ人をほとんど知らない。食べすぎて死んだ人は十万人もいることを知っている、と。

食べすぎからくる体重超過が命を縮めることは保険会社の記録が証明している。体重が標準より五ないし一四パーセント超過している人の死亡率は、あらゆる原因による死亡率のなかで二二パーセント高くなっており、体重が二五パーセント超過している人の死亡率は七五パーセントも高くなっている。

＊

ある朝、新聞配達中、私は新聞の第一面にボブ・フィッツシモンズの大きな写真を見つけた。彼は、前夜ジム・コーベットをノックアウトして、世界ヘビーウエイト級選手権を獲得したのである。コーベットは体重一九五ポンドもあるのに、フィッツシモンズは一六〇ポンドにすぎない。この驚くべき闘士は、いまや世界のミドルウエイト級、ライト・ヘビーウエイト級、そしてヘビーウエイト級と、三つのチャンピオンになったのである。

多くの専門家は、フィッツは拳闘史上最も強力なパンチャーであることは疑いないと認めている。試合後のインタビューで、この恐るべき力の秘訣をきかれたフィッツは、「秘訣はたしかにある。その力は人体の主要筋肉——横隔膜からくる」と答えた。

フィッツはいう。

「腹式呼吸法がその力を生み出すのです。紙袋に息を吹きこんだとする。空気は直接その底部に行き、そこからしだいに上に広がる。大部分の人は胸式呼吸者で、肺の上端から息を吸ったり吐いたりする。だから酸素が肺の下部に行くことはめったにないのです。ところが腹式呼吸だといやでも横隔膜を上下させ、血液のなかに酸素の供給をふやす。と同時に、血液の循環をよくし、動脈を膨張させたり収縮させたりするのと同じ原理で心臓の働きを助けるのです」

私はこの腹式呼吸をやってみたが、最初からからだの〝浮き上がる〟のをおぼえ、指の先がうずいた。私は生まれつき心臓が悪いと医者にいわれていたにもかかわらず、保険会社は私が支払うあらゆる生命保険料を標準並みに扱ってくれた。

私は腹式呼吸が正しい呼吸法だと信じている。それは自然だからだ。動物は眠っているときでさえ腹式呼吸をしているという。

正しい呼吸法が心臓および循環器系統にとってどれほど重要だろうか。私はペンシルバニア心臓協会誌で次のような驚くべき事実を読みとった。すなわち「アメリカで毎年、心臓および循環器系統の疾患で死亡する者の数は、アメリカがこれまで参加したあらゆる戦争で死んだ者の数を上まわっている」というのだ。

*

私は年をとるにつれて型にはまった運動を減らしたが、その代わり、つとめて手足を伸ばす運動をするようになった。それは容易かつ最も楽しい運動形式で、時間もとらず、アメリカの最も多忙な人たちが実行しているものだった。

数年前、有名なスポーツ記者ヒュー・フラートンがシカゴへ行き、アイオワ州デモインから来たフランク・ゴッチにインタビューするにおよんで、私はその手足を伸ばす運動に熱中するようになった。ゴッチはそのとき、〝不敗の〟巨大なポーランド人といわれた世界レスリング選手権保持者ジビスコと試合をすることになっていた。記者がゴッチの泊まっているホテルの部屋に行ったとき、ゴッチは半ズボンでベッドに横たわっていた。そして彼は、……いや、ここは記者自身に語らせることにしよう……。

「やあ」とゴッチはあいさつしてこういった。「予備練習がすむまでちょっと掛けていてください」

　私が見たものは、彼がからだの各部を伸ばし、力を抜き、再び伸ばすということだった。ゴッチは突如としてベッドから跳び出し、私をひっつかんで、一六五ポンドもある私のからだを空中に投げ上げてから受けとめ、イスにドンと落とし込んで笑いかけた。

　私は本当にビックリして、「どういうつもりですか」とたずねた。

「私の予備運動です」とゴッチは説明した。「いま私に必要なものは、あの巨大な男にあれこれポーランド語で話しかける練習と、自分のコンディションを整えることです」

「いつジムへ行き、いつ外でトレーニングをしますか」

「やりません」。ゴッチは答えた。「他の連中は道路でトレーニングをやっているんです。多くの立派な人たちが道路でファイトを失っています」

「からかうのはよしてください。それよりどうしていつもそんなすばらしい健康状態でいられるのですか」

「私に必要なのは伸びだけです」

「伸び？」

「そうです。犬や猫が眠っていて起き上がるときをごらんなさい。からだ中の筋肉を伸ばしますよ。あなたが部屋に入ってこられたとき私がやっていたのと同じようにです。犬や猫はいつもすばらしい健康状態を維持しているじゃありませんか」とゴッチは説明してくれた。

フラートン記者はこう語った後、つけ加えていった。

「二日後の夜、私はゴッチが豹《ひょう》のような足どりでリングに入ってくるのを見た。そしてほとんど疲れもみせず〝不敗〟の巨漢ポーランド人を二度も投げ飛ばし、ついにレスリングの世界選手権を獲得したのです」

フラートンの話は私を心服させた。私はコチコチの「筋肉伸張運動者」になった。

私は朝起きる前に床のなかで伸びを行なった。また日中の余暇にほんの一、二分行なった。私は野球試合のさい観衆がやるように、好んで〝第七回の伸び《セブンス・イニング・ストレッチ》〟をした。軽い昼寝をする時間がないときは、床に大の字に倒れて、脊柱をまっすぐにする整骨療法といったものをする。

こんな声が聞こえてきそうだ。「ベトガーという男は、背中が丈夫で、でも心は弱い人を持ち上げているわけだ」と。

そう、確かにフランクリンは丈夫な背中を持っていた。と同時に彼がまったくすばらしい心の持ち主であったことを記憶しておられるだろうか。彼はどうすれば健康を維持できるかについても多く書き残している。事実、彼の一三の信条のうち、実に四つまでは主として健康法に関するものである。

要約

食物 ひと口の食物を三二回かめ。そうすることによって、人生の最大の楽しみの一つを倍加し、消化不良を免れ、正常の体重を保って長生きする。

運動 毎日なんらかの形の運動をせよ（しかし四十歳以後は過度の激しい運動は避けよ）。最も有益なのは、朝起床前、十分に快い背伸びをすることである。毎日二回、背伸び運動に、ほんの二、三秒の時間をかけるだけで、姿勢をよくし、柔軟なよい健康状態を保つことができる。

ときどき休憩すること できれば夕食前あるいは昼食後に二十分間の居眠りをせよ。ときどきからだの緊張をゆるめよ。少しの時間の居眠りや休憩にも、ネクタイ、靴、バンドなどをゆるめよ。帰宅したら靴をスリッパに替えよ。いまや多くの人が職場でこうしている。

健康診断 自動車には安全と長い寿命を保つため、強制的な車体検査法がある。人間の機械《からだ》にもこれと同じ常識を適用したらどうだろう。一年に一回は精密な健康診断、六ヵ月に一回は歯の診断、同様に二年に一回は目の診断をせよ。

鉄砲撃ち宴会

この書物のはじめに、これまで演じられたことのない、最も風変わりな野球試合について私が話したのを記憶しておられるだろうか。それから数年後、私のもとにチェスターのデラウェア・カウンティー・リーグ主催の年一度の宴会の招待状が届いた。私は野球をやめてすべての時間とエネルギーを商売にささげようと決心していたので、出席しないことにきめた。私はすでにスワースモア大学のコーチもやめていた。

しかしそのとき、旧友のバーノン・タッチストンが電話をかけてよこし、〝鉄砲撃ち宴会〟に行くかどうか聞いてきた。それは何だと聞き返すと、バーノンはいう。「クリフトン・ハイツで行なわれた決勝戦のとき、鉄砲を撃って試合を引き分けに終わらせたあの男が来るんだ。そして空中に上がった球をどのようにして撃つか実演してみせるんだぜ。ほかの選手たちもみんな行く。興味津々ものだぜ」

こういわれてみれば、行かないわけにはいかなかった。

さて宴会はこれまでの二倍の人で盛大をきわめた。しかし鉄砲撃ちの男は姿を見せなかった。代わりに驚くべき実演を見たが、それは忘れることのできないものだった。

おもな講演者は、ペンシルバニア州知事で、元全国野球連盟会長のジョン・テナー氏と、州最高裁主席判事ウィリアム・シェーファー氏であった。すばらしい行事だった。だがこれらの講演にはさしたる驚きはなかった。デラウェア・カウンティー・リーグの四チームの各監督はそれぞれ何かしゃべるよう求められた。しかしアプランドの監督ビル・ミラーの番がきたとき、ビルは立ち上がり、自分は人前でしゃべることができないが、代わりに友人のベン・ラッドロウが話してくれるだろうと謙遜していった。ラッドロウ氏は若い弁護士だった。その夜までだれも彼の演説を聞いた者はなかった。

ところで、その若い弁護士は知らぬ間にショーを演じていたのだ。知事や首席判事のいったことはすぐ忘れ去られた。しかしラッドロウの話を私はいまだにはっきりとおぼえている。彼は五分間しゃべっただけだったが、その話はすばらしかった。私にそれほど深くかつ忘れられない印象を与えたものは、驚くべき伝染力をもつ微笑であった。ラッドロウが喜びを顔に表しただけで、だれしもみな、たちどころに愉快になるのだった。彼は話の間中、そのすばらしい微笑を浮かべていた。

私は彼の微笑が群衆に及ぼした効果にひどく感動し、それ以後ラッドロウの微笑を見習って、一人と話そうが千人と話そうが、それを用いようと決心した。やがて、それを実行した場合、どこへ行っても歓迎されることがわかった。

その夜、聴衆に魔術的効果を及ぼした若い弁護士に何が起こったろうか。ラッドロウは急速に、ペンシルバニア州で最も成功しかつ広く知られた弁護士の一人となり、さらにアメリカで最も愛される人の一人となった。

第一次大戦中、政府は〝四分間講演者〟という団体を組織したが、そのペンシルバニア支部長に任命されたのは、実にこの思いやりのある、伝染力の強い微笑をもった若い弁護士だった。ラッドロウは四分間講演者の会合の席で、自由と勝利のメッセージを国民に伝えるよう激励し、われわれを燃え立たせた。最初の一分間はわれわれを微笑させ、次の一分間はわれわれの涙を誘った。しかし彼は自分の目に涙を浮かべながらも、微笑し続けていた。

さて、幸福は微笑によってもたらされるものだという印象を与えたくはないが、それは事実なのだ。微笑はすばらしい〝自動スターター〟である。最初、私には微笑することが難しかった。父の死後、私のすばらしい母は毎日朝五時から真夜中まで働き、小さい家ながらも家族全員一緒に暮らせるようにした。だが、苦労の多い数年の間に、四人の姉妹のうち三人までが亡くなった。そうなると笑うことさえできなかった。私は、あまり幸福そうに振る舞うと、不幸が舞い込むにちがいないと信ずるようになった。

しかしその後、気の浮かないとき、みずから無理に立ち上がって微笑してみれば——それは幸福を装うちょっとした動作にすぎないが——本当に幸福になれそうだということを学びとった。この考えは、アメリカで最も有名な心理学者であり哲学者でもあるハーバード大学のウィリアム・ジェームズ教授の数年にわたる実験で証明されている。

ちょっとバカらしく聞こえるかもしれないが、なにか心配事があるなら微笑してごらんなさい。といっても、心配と微笑が同時にできるわけがない。ためしにやってみても、それは不可能だ。どちらか片方をやめるしかない。しかしあえてそれをやってみたらどうだろう。さしあたり今週だけでも毎日やってみたら。顔を合わせる人にはだれにでも——あなたの妻や子供にも——これまでに笑った最上の微笑を与え、そして、自分がどれほどよく感じ、どれほどよく見えるかを知ることだ。それはくよくよすることをやめて、生活らしい生活をはじめる最良の方法である。どこにいようと、どこへ行こうと、微笑はすばらしい歓迎を受けるだろう。

要約

最も一般的な祈りは〝主よ、助けたまえ〟、最も一般的でない祈りは〝父よ、感謝いたします〟である。

――小事、日常茶飯事、または避けがたい出来事にも心を乱すことなかれ（フランクリン）

あなたが会う人全部に、あなたの最上の微笑を与えよ。それが、心配をやめ、明るく生きるための最良の方法である。

――並みはずれた美しさ、偉大なる力、偉大なる富などは、本当はそんなに有益なものではない。正しい心が何ものにもまさる（フランクリン）

すばらしい思いつき

幾年か前、フィデリティ生命保険相互会社のタルボット社長の時ならぬ死は、同社にとって悲しみであり、大きな損失だった。後継者を見つけることが難しいほど、タルボット社長の存在は大きかった。重役会は他社の幹部数人と相談した。そのうちの三人が「ミネソタ生命保険相互会社副社長E・A・ロバーツ氏こそは次期社長の最適任者だ」と口を揃えた。

こうしてロバーツ氏はフィデリティ社の社長になるため、東部へ行くことになった。

ロバーツ氏の大きな長所は、申し分のない謙譲の美徳を備えているという点であった。たとえば、彼の家族がミネソタ州のセントポールからペンシルバニア州のフィラデルフィアへ引っ越しの準備を行なっていた数週間、新社長は市の中心部にあるバークレー・ホテルに仮の居を構えた。彼は毎朝、ベンジャミン・フランクリン・パークウェーの本社へ行くのに、タクシーに乗る代わりにトロリーバスに乗って行った。車中には会社の従業員が、その大部分は事務員だが、多数乗っていた。彼はそのうちの一人のそばに席をとり、同僚であるかのように、まわりのだれとでも談笑した。バスを降りると、いっしょにフェアマウント球場に面した入口まで歩いて行った。彼はからだが大きかったが、二五段の階段をかけ上り、ビルの立派な入口に通ずる大トビラをあけて、あとから来る人たちが全部入ってしまうまで、それをおさえているといった具合である。さて、そのころは、エレベーターに乗るさいでも、社長が来れば他の者はわきへよけて社長だけ乗せて上へあげるというのが大会社の社長に対するエチケットとなっていた。だがこの新社長は違っていた。「みんな入りたまえ」。彼は笑いながらこうすすめてから、みんなといっしょに乗りこむのだった。

ある日、フィデリティ社は彼のために非公式レセプションを催し、午後三時三十分で仕事を打ち切った。私はちょうど全米の旅行から帰ったばかりだったのでそこに居合わせた。全従業員が、幹部も外交員もごっちゃに入って、E・A・ロバーツ氏の話を聞こうとしていた。「私のEというのはエルスワースの略です」。彼はまず名前を紹介してから、次のように語り始めた。「私は身長六フィート二インチ（約一八八センチ）、体重は二二〇ポンド（約一〇〇キロ）です。だからこの部屋のだれをもなぐることができる……」

たちまちどよめきがわき起こり、新社長の声はかき消されてしまった。一人の従業員が立ち上がった。彼は六フィート七インチの大男だった。ロバーツ氏は片手を上げて注意を促していった。

「まあ、終わりまで聞きたまえ。私はこの部屋のだれでも、私をエルスワースなどと呼んだらなぐるかもしれない。私のことを〝ボブ〟と呼んでもらいたい」

それから、〝ボブ〟は次のようにたずねた。

「このなかで社長室に入ったことのある人はどれくらいいるかね？」

大多数の者は手をあげなかった。

「われわれはきょう、一つ取り決めをしよう」。彼はいった。「私はまもなく社長室へ戻るが、諸君の一人ひとりが社長室へきて私と握手することを希望します。そして将来、どんな事柄についてでも、私と話したいという人はいつでもよろしい、あらかじめ約束などする必要はないから来たまえ。喜んで会いましょう」

この演説はフィデリティ〝一家〟の信用を得るため考案され捏造されたものではなかった。

いつでも、どんな理由からでも、あらかじめ約束せずに会うという彼の招きは、社長就任第一日と同様、幾年にもわたって真実だった。

ボブ・ロバーツは他にも多くの長所を持っていた。とりわけ彼がフィデリティ社にもたらした大きな美風は、その申し分のない謙譲と限りない熱意であろう。

フィデリティ生命は一八七八年に設立された。ボブ・ロバーツが社長になった年の保険契約額は三億九二〇〇万ドルだった。その後の十三年間で契約額は三倍にふくれた。また、この間の保険料収入は、業務開始以来の六十七年間を通じて得たより三倍も大きかった。

＊

デール・カーネギーはその生涯に、この世で最も有名な人の幾人かと面接したが、デールが私に語ったところでは、概して人間が偉大であればあるほど、より話がしやすく、よりつつましやかであり、またより人間的であるという。

フランクリンが立派な実業家になる一助として作った信条の表は、最初一二項目しかなかった。しかし友人から、彼が一般に高慢だと思われていること、その高慢なところが談話や動作にときどき現れること、多くの人はそのために彼を嫌っていることなどを聞くにおよび、フランクリンはこの〝悪徳や愚行〟をみずから直そうと心にきめ、謙譲の徳をその表に加え、その言葉に広い意味をもたせたのである。

〝謙譲の徳〟をその〝ラインアップ〟に加えたことは、フランクリンの生涯における重要な転機となった(これはすばらしい思いつきだったと思う)。彼は他の一二項目の信条を習慣にしようと毎週これを実行した……それでもなお友を失い、商売に失敗した。ところがこの一つの信条を追加採用しただけで、友はふえはじめ、商売もしだいに繁盛するようになった。

フランクリンが四十二歳になったころ、〝貧しいリチャード〟――彼は多くの書き物でこの名前を使っている――は印刷業から身を引いて、その時間とエネルギーの大部分を、人類の福祉のための数えきれない他の仕事とともに、科学と発明の分野の計画推進に集中した。

合衆国憲法はそれが謙譲のためのものでなかったなら、けっして採択されなかったであろう。時は一七八七年、フランクリンは八十一歳になっており、憲法起草者のおもだった一人だった。憲法会議はとうてい意見の一致を見そうもないように思われ始めた。そのとき代表委員を説得したフランクリンの謙譲の論理に耳を傾けてみよう。そのとき彼は反対側に立っていたように思われた。

――私は現在、この憲法に全面的には賛成できないことを告白します。しかしみなさん、私がどうしても賛成しないかどうかは私自身にもわかりません。というのも、長生きをすると、よりためになる知識とか、より慎重な考慮によって、かつて正しいと考えた重要な事柄についてさえ、そうでないとわかって意見を変えねばならないことがしばしばあったからです。

——私は年をとればとるほど、他人についてもっている自分の判断をいっそう疑うようになりました。実際、たいていの人は、宗教における多くの宗派と同じく、自分がすべての真実を持っていると思いこんでいるのです。みなさん、私はこうした気持ちのもとに、もし欠陥があるとしてもこの憲法に賛成するものです。なんとなれば、全体的な政府がわれわれに必要であり、また政府といった形のものはまだないにしても、上手に管理されるならば、人びとにとってそれは幸福をもたらすものだと考えるからです。

——みなさん、私はあらゆる場合を考慮に入れて、この憲法になお反対している各代表委員が、このさい私とともに、各自絶対正しいと思う考えを若干譲歩され、われわれの全会一致を明らかにするため、この書面に署名されることをお願いする次第です。

そして彼ら全員が署名したのである。

*

数年前、私はアメリカの最も偉大な法律家、ラーニド・ハンド判事の演説に感動した。彼はニューヨークのセントラル公園に集まった、新たに帰化した市民の一群を前にして、無帽で日向《ひなた》に立ち、次のように語った。

——自由の精神とは何でしょうか。自由の精神とは、自分が正しいとあくまでいい張らない精神です。つまり、自由の精神とは、他の人びとの心を理解しようとする精神です。自由の精神とは、自分の利益とともに他人の利益を公平に考慮する精神です。自由の精神とは、一羽のスズメさえも地に落ちて顧みられないでいることのないように願うものです。自由の精神とは、約二千年の昔、人類がそれまで漠然と常に求めていた教え――つまり少数者も多数者と並んで聞き入れられ考慮される神の国があるということを教えたキリストの精神なのです。

要　約

フランクリンがその信条の〝ラインアップ〟に謙譲を加えたのは、彼の生涯における重要な転機となった（これはすばらしい思いつきだったと思う）。彼はこれ以外の一二の信条の習慣を身につけようと努力し、毎週実行したが、それでもなお友を失い、商売に失敗した。

――自分自身に恋をする者には、恋がたきはない（貧しいリチャード）

カクテル・パーティの祈禱会

あるすばらしい月夜のこと、私はネバダ砂漠に出かけて、ミード湖の巨大なフーバー・ダムのすぐ下で不思議な現象を見た。私は手足を伸ばして仰向けに寝、数知れない星を見ていた。ミード湖ロッジのお客たちは湖畔で流木を集めて、ひときわ大きいボンファイアを燃やしていた。そのときのことだ。燃え上がる火の煙が、時計の針とは逆の方向に、右から左へウズを巻いて上空へ立ちのぼっていく……。

地球の自転によって起こるこの不思議な力については、それ以前にも聞いていた。そしてこの同じ力が、南半球では煙を時計の針と同じ方向へ動かし、ウズを巻かせるのはどういうわけかと不思議に思った。その力はけっして別々のものではないのだ。

同様に、北半球の竜巻は時計の針とは逆に左にウズを巻き、南半球の竜巻は時計の針と同じく右にウズを巻く。

湖畔で横になって星と美しい満月を見ながら、私は、ほとんど一瞬の狂いもなく、二十四時間ごとに二四〇〇マイルの完全な自転をする地球の奇跡について考え始めていた。〝今まったく平和な、この静かな湖畔にいるのに、この同じ力は毎年五億八七〇〇万マイルという、とほうもない距離をもつ太陽の周りを三百六十五日ごとに一周する、いわば完全な周遊旅行をする巨大な宇宙船のように地球を運動させているのだ〟と。

その夜遅く、私は自分の部屋で鉛筆をとり出し紙に計算してみた。われわれは太陽の周りを一秒間に一八マイル動いている。それは飛行機が大西洋回りでニューヨークとパリの間を三分間で飛べる速度である。

あるいは、パリに立ち寄らずにそのまま飛行を続けるとすれば、出発後二十四分以内に再びニューヨークに戻って、妻が朝食をすまさないうちに、彼女と朝食を共にすることができるだろう。

その後まもなく、ある朝七時に私はアイオワ州デモインで飛行機に乗った。その夜はオハイオ州トレドで講演をすることになっていた。離陸直後、激しい風と雷雨がわれわれの双発機を振動させ始めた。機がシカゴ上空にさしかかったとき、濃霧が五大湖方面から広がって、すでに視界をさえぎっていた。着陸予定の飛行機は全部着陸を許してもらえなかった。一時間以上も旋回したころ、パイロットは、この飛行機はミルウォーキーへ飛行するよう指令された、と報じた。ミルウォーキー上空に着いたときも、機はひどい霧のため着陸不可能だった。そこでわれわれはトレドへ飛行するよう命令を受けた。しかしそこはさらにひどい霧だったので、クリーブランドへ飛行してみることになった。またしても結果は同様だった。われわれの周囲には至る所で激しい稲妻が光り、すさまじい雷電が天空を揺るがしていた。機は飛行を続けたが、だれもどこを飛行しているのかわからないようだった。

その夜六時、パイロットはわれわれの機の燃料が残り少なく、危険な状態にあると空港に無線した。急ぎ着陸するよう指令が出た。みんな息を殺した。突然、機は地上にはずみ始め、気がついた次の瞬間、機はクリーブランド空港本館のすぐ前に止まった。そのときであった。前にも後にも見たことのない光景が機中に広がった。われわれ二四人の乗客全部が、いっせいに拍手喝采したのである。「神様、感謝いたします」とか、パイロットに「ありがとう!」と、それまで聞いたものとはまったく違う拍手だった。みんな言葉にはいわず、黙って祈っていたように思われた。

私はどうにか食堂でサンドウィッチと温かいコーヒーを口にすることができた。西部行きの飛行機も着陸してきた。ようやく霧が少し晴れあがってきたので、私はその飛行様に乗せてもらえた。こうして私は講演会にちょうど間に合うようにトレドに到着した。空港では三人の男が私を持っていた。彼らは数時間も待っていたのである。

講演会の会場にあてられていたスコット高等学校講堂へ向かう車中で、彼らは私に次のように語った。

ある大きな保険会社の社長で、この講演会の議長をつとめるギル・ディトマー氏は、私のために自宅で午後のカクテル・パーティを催していた。当然私も出席することになっていた。一二人の委員は講演会の盛会が確実となり、一同それまで熱心に働いてきたので、この愉快なパーティを楽しんでいた。しかし時間がたつにしたがって、彼らは、空港で待っていた三人の委員から驚くべき報告を受けはじめた。「飛行機がインディアナで墜落した」「フランク・ベトガーの飛行機が遭難した」などと彼らは伝えた。その後、私の乗っていた飛行機がゆくえ不明になったという噂が伝えられると、そのカクテル・パーティは祈禱会に変わってしまった。

私はあとでこんなことを聞いた。「あの祈りは最も風変わりな祈りであった。神様はこれまでにあれほど誠実でまじめな祈りを聞いたことがなかったために、われわれの祈りをよく聞いてくださった」。別の一人はこう話した。「あの祈りのいくつかは、もう何年間も祈ったことのない人たちの祈りでした」

私は〝カクテル・パーティの祈禱会〟を推奨するつもりはない。しかし私のために祈禱会が行なわれたことをいまも光栄に感じている。

ここで、あの飛行機のなかで私が考えたことを少しお話ししたいと思う。私には考える時間があった。十一時間もだ。最悪の状態で飛行中、私は自分一人の小さな祈禱会をもった。大部分私は聞く側にあったようだ。実際には何も聞かなかったが、あたかも聞いたかのように、はっきりした言葉が私に伝わってきた。それは次のような疑問形の言葉だった。

「ミード湖畔での夜、右から左へと上空にウズ巻いた煙の現象をどう見たか、お前はおぼえているか。また、煙を動かす偉大な力は、太陽や星や地球やその他すべての惑星を動かし操縦する力と同じであることがどうしてわかったか、お前はおぼえているか」

「神がこの力と法則を創り、また地上の万物を支配していることをおぼえているか。神は絶対的な神の計画をもっている。これらの法則を人間はけっして破棄することができない。お前はそのことをおぼえているか」

「もう一つ、大きな法則――同じ偉大な力によって創られ、人間の運命を支配する正邪の法則――があるのをお前は知っているか。これが人間にはどうしても破棄することのできない法則であることも知っているか」

「オガクズをしきつめた道を歩いて行って、ビリー・サンデーの手を握ったとき、何も知らずにお前は自分の生涯をこの偉大な力に従属することに決めていた……テネシー州チャタヌーガの橋からかわいらしい雑種犬が連れ去ったあのくじけた野球選手に、あの日から不思議なことが起こり始めた、ということをお前は知っているか」

これは、一万フィートの上空で振動されていた最中に、私の頭のなかをかけめぐり続けた考えであった。私は恐れおののいていただろうか。私は心配していただろうか。信じられないかもしれないが、けっしてそうではなかった。私にはある不思議な安心感があった。私にはしなくてはならない仕事があった。そしてそれをやりとげさせてもらえると信じていた。本当にそう信じていた。生きてあの飛行機を降りられることが、私にはよくわかっていた。

私は他の乗客たちといっしょに「ありがとう！」と拍手をしたが、恐怖が去ったために拍手をしたのではなかった。私はまさに生きて呼吸していた。私の信仰がかくも現実的であったことを発見したために、「ありがとう！」といったのだ。こうして私は信仰という偉大な宇宙の力を経験したのだった。

要　約

恐怖は信仰の欠如である。信仰の欠如は無知である。

信仰は真理の力を信ずることであり、惑星の運動を支配する、同じく破棄することのできない力、すなわち宇宙を信ずることである。

日差しを迎えるように真理を迎えよ。神を愛せ。真理はそこにある。なぜなら、神こそ真理であり、神こそ愛だからである。

――私はこの信念を守り続けよう。われらが上に神がおいでになるならば（そしてすべてのものがそのわざをやりあげたことを高らかに告げるならば）、神は徳こそ喜ばれようし、神の喜ばれることは私にとっても幸いとなるにちがいない（悲劇『カトー』）

驚くべき国際行事

一九五六年は驚くべき国際行事が行なわれた年であった。文明史上、そのようなことはかつてなかった。あらゆる人、あらゆる人種、皮膚の色、宗数的信仰などの別を越えて、世界の七二ヵ国、五億という人びとが、かつて地球上に生きた最も賢明かつ実践的な人物の一人、本書の主人公フランクリンの二五〇回目の誕生日を祝った。

この世界的祝典が彼の誕生日にあたる一月十七日の一日だけでなく、その年一年間も続いたということは、それだけその意味を大きいものにした。

これら諸国の多くは、フランクリンをたたえるため、彼の写真をあしらった特別記念切手を発行した。それまでソ連などは、アメリカ人を賞賛するために切手を発行したことはなかった。

なぜか。何がこの男をそんなに偉大にしたのか。どんな隠された力を彼はもっていたのか。

彼はなにか天分を受け継いでいたのか。

ここでフランクリンについての記録を見ることにしよう。一七〇六年マサチューセッツ州ボストンに生まれた彼は、一〇人の息子と七人の娘をもつ家族の一五番目の子供であった。彼の父は貧しいが立派なローソク職人だった。その一七人の子供たちには、ベンジャミンを除いてほかに非凡な能力を示した者はいなかった。それでは何がこの男を偉大な人物にしたのか。長いめざましい生涯の終わりに近づいて、彼はその秘訣を明らかにした。まずそれを少し振り返ってみよう。

ベンジャミンが初めてフィラデルフィアに着いたとき、彼は十七歳にすぎなかった。市場街のはずれの小さな波止場に上陸した彼は、一個のパンを小ワキにかかえ、ポケットには少額の金をもっただけで町を歩いていた。彼の恰好はなんとなく薄ぎたなかった。というのは、その前夜は暴風雨をついて、夜どおしニュージャージー州バーリントンからデラウェア川を距離にして二五マイルも、甲板のない大型の船をこぎ続けてきたからである。

三番街と四番街の間をパンをかじりながら歩いていた彼は、大工職人のリードの家の前を通りすぎた。リードの妻は家に下宿人をおき、疥癬の治療に用いる軟膏を売っていた。リードの美しい娘デボラは戸口に立っていた。彼女はベンジャミンを見るや笑い出し、彼のことを実にぶざまでこっけいな様子をしていると思った。

「デボラ、あなたはいつかあの若い男と結婚して、その男が地球上でいちばん有名な人になるのよ」とだれかが彼女にいったとしたら、デボラはこう答えたにちがいない。「あなたはまったくばかね。あの男の人は雨に降られても家に入ってくることさえできそうもない人だわ」

あるいは、だれかがあの若い男に、「お前さんは何をして有名になりたい？」とたずねたとしたら、彼はきっとこう答えただろう。

「ぼくは立派な生活をしたいだけです。ぼくはたった二年しか学校へ行きませんでしたが、ボストンでは印刷工場に勤めていました。この町にはどこに印刷屋さんがあるかご存じですか。そこで働かせてもらえるかたずねて行きたいんです」。しかしちょうど日曜日の朝だったから、ベンジャミンは市場の上手にある二番街のキリスト教会へ礼拝に出かけた。

それは二百三十七年も昔のことであった。しかしその教会は今日も同じ所にあり、いまも毎日曜日の礼拝を守っている。私も妻と娘のリーをつれて、ときどきそこの礼拝に出ている。何かのおりにフィラデルフィアを訪ねることがあったら、信仰には関係なく、この歴史的風物をぜひ訪れてみてほしい。教会は毎日午前九時から午後五時まで一般に公開され、だれもが歓迎されることでしょう。

フランクリンが腰かけて礼拝したという席に、腰かけてみたいと思いませんか——実際、そうすることができる。私はその席に何度も腰かけてみた。そうすることによって何か私には得るところがあった。きっとあなたにも何か得るところがあると思う。

ベンジャミンがその古い教会へ最初に入ったときのことについて、伝えられている話がある。

彼はその席に何事もなく腰かけていたが、しばらくして、前の座席の男の方へからだを寄せて「いつ奉仕が始まりますか」とたずねた。「教会《ここ》を出たとき」とその男はつぶやき返した。するとベンジャミンはそこでぐっすり寝こんでしまったというのだ。もっとも無理もないことだ。彼は徹夜で船をこいだのだったから。

この話が本当かどうかは別として、その男があの日曜の朝、彼につぶやいたといわれることは、フランクリンの生涯で一大事となってしまった。すなわち「奉仕」と「実行」であった。実行を伴わない言葉は何の価値もないと彼は信じるようになった。数年後には、「神は尊敬と祈りと感謝をもって拝まれるべきである。しかし最も神にかなう奉仕は人に善をなすことである」と書いている。「そのとき奉仕が始まるのである」

そのため彼の一三信条のなかには「決断」が含められている。「決断するということがひとたび習慣づけば、それに続く諸信条を身につけることもたやすい」と彼は書いている。

ここで、彼が実践した分野を紹介しよう。――外交官、科学者、物理学者、印刷業者、著述者、出版業者、哲学者、発明家（一〇五種の発明）、彼が組織したアメリカ合衆国郵政制度の初の郵政長官。さらに、ペンシルバニア大学、アメリカで最初の病院であるペンシルバニア病院、アメリカで最初に一般に公開したフィラデルフィア図書館、第一火災保険株式会社などの創立者。

彼はその奉仕の生涯を終えるとき、ボストン市とフィラデルフィア市に遺産を残した。その遺産は、熟練した職工、機械工、あるいはその他の職業に見習いとして勤めてきた若い妻帯者が独立して自分で商売を始めようとする場合に援助されるもので、その金額は今日では二〇〇万ドル以上に達している。

ごく普通の男がこうした特殊な能力をどうして身につけることができたのだろうか。長いめざましい生涯を終えるにあたって、フランクリンは自筆でその偉大な力の源を発表した。それは至って平易なので、十二歳の子供でも理解し利用できる科学的な工夫であった。

ここに要約してそれを紹介しよう。

――私の子孫は、その先祖たる私が、長い間の健康と立派な体格、財産の獲得、国家の信頼、国家から与えられた名誉などをこの小さな工夫（一三信条）に負うていることを知ってほしい。たとえ不完全にしか身につけることができなくても、成功と幸福を得るためには、この一三信条の力が必要なのだ。若い世代の人びともその一三信条を求め、それに快く応じてくれるだろう。だから、私の子孫のうち、だれかがこの手本にならって利益を得るようにと、私は願うものである。

さて、一九五六年にこの地球上のあらゆる場所で、五億もの人びとが、この賢明で謙虚な男に敬意をささげたのはどうしてだろうか。それは彼の偉大な天分のためだったろうか。それともいま述べたような多数の業績のためだったろうか。いや、そのいずれでもない。フランクリンはアメリカ人ではあったが、実際には〝最初の世界市民〟であり、その理想はわれわれ一人ひとりのものであった。人種、皮膚の色、宗教あるいは国民的感情などを越え、われわれはフランクリンをたたえ、その生涯の研究に一年間をささげたのであった。「文明の究極の目的は恒久の平和を樹立することにある」と信じ、また今日ようやく認識され始めた「世界平和実現のための三段階」を考えた男を、われわれは賞賛したのである。

まったく不思議なことながら、フランクリンは「その目的は百五十年から二百年後に達成される」と計算していた。だとすれば、一九八〇年以前に平和が実現することになる。この至高の目的が実現することになれば、われわれは人類史上、繁栄と幸福の最も偉大な時代を迎えることになる。その結果、無限の利益が世界の人びと全部に広がるだろう。現在、戦争とその準備のために動員されている何十億という人びとの一部は公共事業に雇われるだろう。たとえば、地球上の現在の二倍以上の人口の食糧を生産するために農業の発展を図り、医学の広範な普及によって毎年何百万もの生命を救い、各国民の寿命を延長し、科学の実践によって各国に便利なものや楽しいものがあまねくだろう。

世界平和への行動はいつ始まるか。それはいますぐである。われわれには余分な時間はない。フランクリンは一九八〇年を最終期限としている。その期限に間に合わせるために、いますぐ始めなければならないのだ。後ではおそすぎる。

世界平和はいかにして始まるか。その解決は次の三つの心理的法則によって決定する。

準備　地球上すべての場所における貧困の征服と飢饉の除去という、人類史上最も偉大な出来事に向けて、世界の最も有能な建築家、技師、科学者、医師、農学者、実業家等々が計画と細目を立案する。

実行　熱狂的な行動。有能な管理者が五年あるいは十年間の一連の計画に基づいて、これらの計画の指揮と実行を委任される。

世界の軍備縮小　この動きは第一、第二の措置と並行して進む。この流れに勢いがつけば、全人類は大いに驚くであろう。文明の新しい形式が生まれる。

――どこのだれでも、威張って地球上を歩くことができ、心に偉大なものを平和裡に満たすことができ、敬虔に神をあがめ、善業を賛美することができ、またお互いの残忍性も自然になくなるであろう（フランクリン）

……というのも、憎しみと恐怖の災禍から神がわれわれを救い出すのは、剣によるのではなく、変わることのない兄弟愛によるものだからである。

私からあなたへの手紙

最初、本書を書こうと考えたとき、私はその仕事の大きさに尻込みし、計画を実現するうえで自分の限界を十分承知していた。私はフランクリンの言葉を思い出した。

――いつも考えてきたのであるが、りっぱな能力のある人がこの計画の実行を研究し、それに専念するならば、必ずや人類に偉大な変化をもたらし、大きな仕事を達成することができるだろう。そのためにも、十三週の検査をまず自分自身でためし、成果が得られるまで十分な時間をかけて各信条を実行してみなければならない。

これは私に向けて書かれたもののように思われた。そこで私は次のように考えた。

〝フランクリンに処方箋をもらった。解決策も書きこまれている。成功はまちがいなし〟

私は、松明《たいまつ》を手にしたように感じた。そして本書を通じて、松明をいっそう燃やし、はるかに有能な人びとがそれを手にして、さらに若い世代の人たちへと伝えてくれることを願った。

フランクリンのこの偉大な遺産を伝える最良の方法は、説教や講演よりも、物語《ストーリー》を語ることにあると考えた——フランクリンの偉大な遺産を受けとった私の身になにが起こったか、そして、奇蹟はだれの身の上にも起こりうるということを。

ここに語った物語がお気に召すことを願っている。

熱意とともに
フランク・ベトガー

私の一三信条

一、熱意

仕事と生活に打ちこんで熱意を増加するという高邁な決意をしなさい。この決意を実行に移し、今後十三週間の間、一三信条のそれぞれにこれを適用すれば、驚くべき成果が現れよう。あなたの収入は二倍になり、幸福も倍になるでしょう。

――あなたが息子や娘に一つだけ贈物を与えることができるとすれば、それは熱意であるべきだ（ブルース・バートン）

二、秩序（自制）

あなたの職業が何であれ、職業の上で成功しているかどうかを知りたいなら、そのテストは簡単である。つまり自分の時間を組織し、コントロールできているか、ということである。そうでないなら、失敗すること必定だから隠退するほかない。信じたくないだろうが、失敗は目に見えている。

人生における最大の贅沢の一つ、すなわち遊び、休息し、徹底的に考え、物事をなしとげるための十分な時間を持ちたいなら、方法は一つしかない。つまり物事を重要さの順に従って、考えかつ計画するのに十分な時間をかけることである。そうすれば生活には新風がもたらされようし、人生には何年かが追加され、その数年には生気が注入されよう。

——あなたのすることすべてに適当な順序をつけ、仕事の一つひとつに適当な時間をさきたまえ（フランクリン）

三、他人に尽くせ

「目標を定めずにボールを投げることは、大空に向けて鉄砲をぶっ放すようなものだ。いかなる射撃手も的を定めなければ立派な射撃手になれない」というクリスティ・マシューソンの言葉を忘れてはいけない。

日常生活への適用——他人が欲するものを知り、それを獲得する最良の方法を見出す助けをせよ。古人もいう。これこそ行動の金科玉条である。

四、疑問

ソクラテスを模範とせよ。独断的な断定よりも質問のほうこそ、人が欲し、必要としているものを発見する上で最も効果的な方法である。攻撃するよりも問い正せ。他人の見解を尊重していることを示さなければならない。

——真理と誤りが公正に扱われれば、前者が常に後者にまさる（フランクリン）

あなたが教育から得た大きな収穫の一つは、質問する態度、証拠を求めその比重をはかる習慣、つまり科学的接近法である。

きわめて重要な決定をしなければならないときには、「なぜするか?」「なぜしないか?」の心の代数学を試してみなさい。

五、沈黙(傾聴)

相手の話に興味を持っているという態度を示すべし。会話に集中し、心から賞賛せよ。それこそだれもが切に求めながらも、なかなか得られないものである。熱心に聞き入るべし。すぐれた話し手になりたいなら、「会話の機知《ウイット》というものは、何かうまいことをいおうとすることではなく、相手の話のうちに機知を見つけることにある」と心得よ。

三信条の魔術——

1　相手が何に興味を持っているかを知ること

2　相手が喜んで答えるような質問をして、その話をするように導くこと

3　それから〝聞き入る〟こと

六、決断

——やるべきことを必ず実行すると決心すべし。決心したことは成功するように実行せよ。

〝決心〟ということが一度習慣になれば、それに続くいろいろの信条を得ようという努力は必ずや力強いものになろう（フランクリン）

この世の中は、自分自身を訓練するか、あるいは世間によって訓練されるかである。私は自分自身を訓練するほうを好む。

フランクリンはいっている——徳に背けば奴隷の道、我慢強さは自由の道。

〝ギャビー〟ストリートはいう——相手を第一ラウンドでノックアウトしろ！

聖書にいわく——おのれを征服せし者は、都市を攻略せし者より偉大である。

七、倹約

自由になりたかったら、金をもうけることと同じように、貯えることを考えるべし。浪費をやめよ。そうすれば手元不如意や収税をあざむくこともなくなるというものだ。

フランクリンはいう。

——うそをつくことが世の中で二番目に悪い。第一の悪徳は借金である。借金はうそのはじめである。自由を確保し、独立を維持せよ。節約して自由たれ……これが賢者の道である。賢者に学べ。

まず自分自身に支払え。

八、誠実

――人を傷つけるいつわりを用いるなかれ。無邪気に正しく考えよ。話をする場合も同様たれ（フランクリン）

他人の信頼をかちえてそれを保持するための第一の規則は、「信頼に値せよ」ということである。人の目が届かないときにこそ、誠実たらんとする強さを持て。他人がそれを信じるかではなく、本当の試練は自分がそれを信じるかにある。

九、批判対賞賛

敵を破るには、「人の悪口をいわず、その人について知っているよい面を話す」というフランクリンの信条こそが最良の方法である。

人はだれでも自分は重要であると感ずることを好む。人は賞賛に飢えている。お世辞でなく、正直な、真実の賞賛にである。私は野球選手時代に、非難は選手を傷つける以外けっして何の役にも立たないことを知った。賞賛と激励が普通の選手をスターにすることも知った。野球選手引退後、この信条が事業においても家庭においても、同じ結果をもたらすことを知った。

十、健康

食物　ひと口の食物を三二回かめ。そうすることによって人生の最大の楽しみの一つを倍加し、不消化も起こさず、正常の体重を保って長生きできる。

運動　毎日なんらかの運動をせよ（しかし四十歳以後は過度の激しい運動は避けよ）。最も有益なのは、朝起床前、十分に快い背伸びをすることである。毎日二回の〝第七回の伸び《セブンス・イニング・ストレッチ》〟は、ほんの二、三秒の時間がかかるだけで、姿勢をよくし、柔軟な、よい健康状態を保つことに役立つ。

ときどき休憩をすること　できれば夕食前あるいは昼食後に二十分間の居眠りをせよ。ときどきからだの緊張をゆるめよ。少しの時間の居眠りや休憩にも、ネクタイ、靴、バンドなどをゆるめよ。帰宅したときは靴をスリッパに替えよ。いまや多くの人が職場でこうしている。

健康診断　自動車には安全と長い寿命を保つため、強制的な車体検査法がある。人間の機械《からだ》にもこれと同じ常識を適用したらどうだろう。一年に一回は精密な健康診断、六ヵ月に一回は歯の診断、同様に二年に一回は目の診断を受けよ。

十一、幸福

最も一般的な祈りは〝主よ、助けたまえ〟、最も一般的でない祈りは〝父よ、感謝いたします〟。

——小事、日常茶飯事、または避けがたい出来車にも心を乱すことなかれ（フランクリン）

あなたの会う人全部に、あなたがこれまでに笑った最上の微笑を与えよ。これこそ心配をやめ、明るく生きるための最良の方法である。

——並みはずれた美しさ、偉大な力、偉大な富などは、実はそれほど有益でもない。正しい心が何ものにもまさる（フランクリン）

十二、謙譲

フランクリンがその信条の〝ラインアップ〟に謙譲を加えたのは、彼の生涯における重要な転機となった（これはすばらしい思いつきだったと思う）。彼はこれ以外の一二の信条の習慣を身につけようと努力し、毎週実行してきたが、それでもなお友を失い、商売に失敗した。

——自分自身に恋をする者には、恋がたきはない（貧しいリチャード）

十三、信仰

恐怖は信仰の欠如である。信仰の欠如は無知である。信仰は真理の力を信ずることであり、惑星の運動を支配する、同じく避けることのできない力、すなわち宇宙を信ずることである。日差しを迎えるように真理を迎えよ。神を愛せ。真理はそこにある。なぜなら、神こそ真理であり、神こそ愛だからである。

——私はこの信念を守り続けよう。われらが上に神がおいでになるならば（そしてすべてのものがそのわざをやりあげたことを高らかに告げるならば）、神は徳こそ喜ばれようし、神の喜ばれることは私にとっても幸いとなるにちがいない（悲劇『カトー』）

〔完〕

池田恒雄の一期一会

ベースボール・マガジン社代表取締役社長
池田　哲雄

一九七二年に敏腕コラムニストのロジャー・カーンが上梓し、アメリカでベストセラーになった『*The Boys of Summer*』は、『夏の若者たち』（ベースボール・マガジン社刊）という日本語の副題が付けられ、九七年に佐山和夫の翻訳によって単行本となり、日本でも大きな注目を集めた。

その中で印象に残るくだりがある。

――どんな金持ちでも、ドジャースの担当記者になることはできない。

大枚札束を注ぎ込むことによって、プロ野球チームのオーナーになることはできても、自ら憧れるチームの担当記者になることは不可能である。かつて新聞記者として鳴らしたカーンのプライドが、そう筆を運ばせたのだろうか。

洋の東西を問わず、アメリカや日本でも、野球のある国の野球記者は、特に新聞紙上に記事を掲載する書き手は、ナイトゲームが終了してからわずか小一時間の短い締切り時間内に文章を仕上げなくてはならない。

それが、「どんな文豪でも、こんなに短時間で文章を仕上げることはできない。さらにどんな文豪でも、この点にだけは新聞記者に敬意を払わざるを得ない」という野球を書く表現者のプライドの「よすが」になっているのだ。

私の父・池田恒雄は、だれもが憧れる野球記者から、背を向けようとした。何も金持ちになりたかったわけではない。当然、目先に積まれた札束に目が眩んだというわけでもなかった。

戦前、早稲田大学に在学した父は、当時日本一の売り上げを誇る、博文館という大手出版社が発行する野球専門誌「野球界」の制作を手掛けるアルバイト学生だった。

当時の雑誌編集は、現在のような分業制ではなく、写真も撮れば記事も書く、いわば「ナンデモ屋」だった。

新潟県の雪深い街にある旧制中学校で、野球部のエースだった父は、大学へ進学するとアルバイト先として、この「野球界」の門を叩いた。父は、苦学生だった。家庭教師よりも野球専門誌の編集記者を選び、ぐんぐん頭角を現していった。

雪国の片田舎から来たエースはわずかな時間で、野球専門誌になくてはならない主役に躍り出たのだ。

一九三四年（昭和九年）に読売新聞社が、「日米野球」と題して全米代表を来日させた時には、「野球界」に籍を置き、ルー・ゲーリッグ、ベーブ・ルースといったニューヨーク・ヤンキースの絢爛豪華なスター・プレーヤーを取材している。

相対する、後に巨人軍のレジェンドとして輝き続けるエース・沢村栄治の全盛時の投球を目にしたのも、父が野球記者を務めている時だった。

その四年後に巨人軍の門を叩き、父と実懇の関係になる打撃の神様・川上哲治と、背番号3を付けた猛牛おじさん・千葉茂は、戦地から復員し、右肩を痛め傷ついた沢村の姿しか知らない。

一九一一年生まれの父は、二〇〇二年で天寿を全うした。享年九十一歳でこの世を去ったわけだが、当時でも、現存するジャーナリストの中で、全盛時の沢村を知る者は、わずか一握りの存在だった。

学生時代に英米文学を専攻していた父は、卒業時に翻訳出版を手掛ける「研究社」を受験した。同社に入社が内定し、自らの初心を貫徹すべく、新たな人生の第一歩を踏み出そうとしていた。野球少年だった者ならだれもが憧れる、「いくら大金を積んでも叶うことのない」野球記者の座を放棄しようとしたのだ。

ところが、「好事魔多し」とはこのことである。父の就職先が決まると、「野球界」の編集長が、選挙違反で投獄されてしまう。困り果てた博文館のオーナーが、父の下宿先までアメリカ製の高級車キャデラックを乗り付けて訪ねて来た。

「どうしてもキミの力が必要なんだ。実質、キミが編集長だったわけだから、キミが会社に残ってくれなければ、わが社の経営は成り立たない」

天下の博文館のオーナーがやってきて直接頭を下げられる想定外の設定に、父は翻意するしかなかった。懇意にしていた大学の教授から「研究社」に断りの連絡を入れてもらうと、父は大金を払うことも、貰うこともなく、野球記者の「勲章」を改めて手中に握り占めるように古巣に残る決意を固めた。

「一期一会」という言葉が、野球の本場アメリカに存在するかどうか、定かではない。

フランク・ベトガーが著わした「外交販売の秘訣」という書籍が、この度復刊されることになった(「熱意は通ず」に改題)。野球の発祥地アメリカで、メジャー・リーグのスター選手を目指した若者が、怪我によって夢破れ、苦難の中から成功の秘訣を掴む。

失意の中、久しぶりに自宅へ戻ると、近所に住むまだ幼かった女の子が、わずかの間に美しい娘に急成長していた。はっと息を呑んで、その娘を見つめたベトガーは、次の瞬間、恋心を抱く。その娘を妻にしてしまうのだ。

失意の中から幸運が生まれる。人生とは何が起きるかわからない。「一期一会」から新たな予期せぬドラマが生まれた。

成功の秘訣となる、ベンジャミン・フランクリンの指導方法をフランク・ベトガーに伝授したのは、デール・カーネギーだった。三者三様の「一期一会」が織り成す縁が、そこにあったといえる。

私の父は戦後まもなく、焦土の中からベースボール・マガジン社を創業した。父が英米文学の道を捨て、「野球界」に身を投じたこと、ベースボール・マガジン社を興したことも、「一期一会」のなせるわざである。

父が創刊した野球専門誌「ベースボール・マガジン」は、敗戦直後の娯楽に餓える人々の心を見事に捉え、爆発的な人気を博した。売れに売れたのである。

創業後は、わずか数年の間に相撲、陸上競技、テニス、プロレス、サッカー、ラグビーなどの様々なスポーツ専門誌を次々と創刊していった。一九五八年には東京六大学の本塁打記録を更新したスーパー・ヒーロー、長嶋茂雄が巨人軍に入団すると、月刊だった野球専門誌を週刊化し、「週刊ベースボール」として世に送り出した。

折しも、世間には週刊誌ブームが到来していた。野球に限らず、様々なジャンルで、雨後の筍のように週刊誌が林立していった。

その「週刊ベースボール」は、今年で五十六年目を迎える、野球ファンから愛される息の長い定期刊行物になった。二〇一〇年には通巻三〇〇〇号を超え、野球界の過去—現在—未来を、連綿とした史実の中から紡ぎ続けている。

ベースボール・マガジン社が発行する体育スポーツ専門の定期誌は、現在では二四誌を数える。これも野球専門誌「野球界」から始まった父の「一期一会」が、織り成すドラマだといえる。

出版人として成功した父にとって残された夢は、若かりし頃の熱情と、その熱意の再燃と発露であったのかも知れない。

「外交販売の秘訣」は、父が自らの名前を冠した系列会社・恒文社《こうぶんしゃ》から、六二年に出版された。自ら翻訳を手掛けた同書の版権取得と翻訳出版は、若かりし頃の夢を実現するためにはなくてはならない出版活動のひとつだったのだろう。

五十年有余の歳月を経て、新たに甦った「一期一会」のドラマが、読者の心を熱く揺さぶってくれることを期待してやまない。

著者略歴

Frank Bettger〈フランク・ベトガー〉元大リーグ選手（登録選手名はフランク・ベッチャー）、保険外交員、ベストセラー作家。1888年、米国フィラデルフィアに生まれる。幼いときに父をなくし、体を鍛えるために野球を始める。初等教育で学業をあきらめ、配管工見習いとなり家計を助ける。1907年、19歳で下部リーグのジョンズタウン球団に入団するも、ほどなく解雇され、地方リーグをさまよう。この経験から「熱心に取り組む」ことの大切さを学び、その後「張り切りペッチャー」として活躍。09年に大リーグのセントルイス・カージナルス入団を果たす。腕を故障し、13年に引退。同年結婚し、2年後に長男ライル誕生（のち性格俳優に）。17年にフィデリティ生命保険相互会社に保険外交員として入社。最初の契約獲得に苦労するも、デール・カーネギーの弁論講座をきっかけに、成功への歩みを始める。保険契約を積み上げ、21年に同社の優績者が構成するリーダーズ・クラブ議長に選出。20年代から30年代にかけて、全米で最も高給をとるセールスマンとして活躍。39年、51歳で退職し、第二次大戦中カーネギーと講座旅行で全米をまわる。その間、6年をかけて『私はどうして販売外交に成功したか』を執筆。同書は49年に初版が世に出ると、通信販売だけで10万部を売るなど営業マンのバイブルとして読まれ、17の言語に翻訳される不朽の名著となった。デール・カーネギーは「対人ビジネスにおいて、彼以上にすぐれた教師はない」と讃えた。60年に米国建国の父ベンジャミン・フランクリンの人生哲学を伝える『熱意は通ず』を出版。81年死去、享年93歳。

訳者略歴

池田 恒雄〈いけだ・つねお〉ベースボール・マガジン社創業者、野球殿堂特別表彰者。1911年、新潟県北魚沼郡小出町（現・魚沼市）に生まれる。31年、早稲田大学在学中の20歳で雑誌「野球界」編集部に加わり、37年から編集長を務める。終戦後の46年、月刊「ベースボール・マガジン」を創刊し、ベースボール・マガジン社を設立。51年にベトガー『優績者への道』をみずからの翻訳で出版。62年、同じくベトガーの『外交販売の秘訣』を再び翻訳し出版。「出版活動を通じて野球界の発展に貢献」し、89年に野球殿堂入り。2002年死去、享年91歳。

※本書は『外交販売の秘訣』（池田恒雄訳、恒文社、1962年）の改題・復刊です

熱意は通ず
フランクリンの富と福の原理

ねついはつうず
ふらんくりんのとみとふくのげんり

フランク・ベトガー 著
池田 恒雄 訳

豊田 卓 装丁

2014年10月24日　初版第1刷印刷
2014年11月17日　初版第1刷発行

発行者 豊田剛
発行所 合同会社土曜社
150-0033
東京都渋谷区猿楽町11-20-305
www.doyosha.com

用紙　株式会社竹尾
印刷　株式会社精興社
製本　加藤製本株式会社

Benjamin Franklin's Secret of Success and What It Did for Me
by
Frank Bettger

This edition published in Japan
by DOYOSHA in 2014

11-20-305, Sarugaku, Shibuya,
Tokyo 150-0033, JAPAN

ISBN978-4-907511-09-8　C0033
落丁・乱丁本は交換いたします

土曜社の本

*

大杉栄ペーパーバック・大杉豊解説・本体 952 円

日本脱出記

1922 年、ベルリン国際無政府主義大会の招待状。アインシュタイン博士来日の狂騒のなか、秘密裏に脱出する。有島武郎が金を出す。東京日日、改造社が特ダネを抜く。中国共産党創始者、大韓民国臨時政府の要人たちと上海で会う。得意の語学でパリ歓楽通りに遊ぶ。獄中の白ワインの味。「甘粕事件」まで数カ月。大杉栄 38 歳、国際連帯への冒険!

自叙伝

「陛下に弓をひいた謀叛人」西郷南洲に肩入れしながら、未来の陸軍元帥を志す一人の腕白少年が、日清・日露の戦役にはさまれた「坂の上の雲」の時代を舞台に、自由を思い、権威に逆らい、生を拡充してゆく。日本自伝文学の三指に数えられる、ビルドゥングスロマンの色濃い青春勉強の記。

獄中記

東京外語大を出て 8 カ月で入獄するや、看守の目をかすめて、エスペラント語にのめりこむ。英・仏・エス語から独・伊・露・西語へ進み、「一犯一語」とうそぶく。生物学と人類学の大体に通じて、一個の大杉社会学を志す。21 歳の初陣から大逆事件の 26 歳まで、頭の最初からの改造を企てる人間製作の手記。

新編 大杉栄追想

1923 年 9 月、関東大震災直後、戒厳令下の帝都東京。「主義者暴動」の流言が飛び、実行される陸軍の白色テロ。真相究明を求める大川周明ら左右両翼の思想家たち。社屋を失い、山本実彦社長宅に移した「改造」臨時編集部に大正一級の言論人、仇討ちを胸に秘める同志らが寄せる、享年 38 歳の革命児・大杉栄への胸を打つ鎮魂の書。

*

傑作生活叢書『坂口恭平のぼうけん』(全 7 巻刊行中)

坂口恭平弾き語りアルバム『*Practice for a Revolution*』(全 11 曲入り)

21 世紀の都市ガイド　アルタ・タバカ編『リガ案内』

ミーム『3 着の日記　*meme* が旅した *RIGA*』

安倍晋三ほか『世界論』、黒田東彦ほか『世界は考える』

ブレマーほか『新アジア地政学』、ソロスほか『混乱の本質』

サム・ハスキンス『*Cowboy Kate & Other Stories*』(近刊)

A・ボーデイン『キッチン・コンフィデンシャル』(近刊)

I・フィッシャー『スタンプ通貨』(近刊)

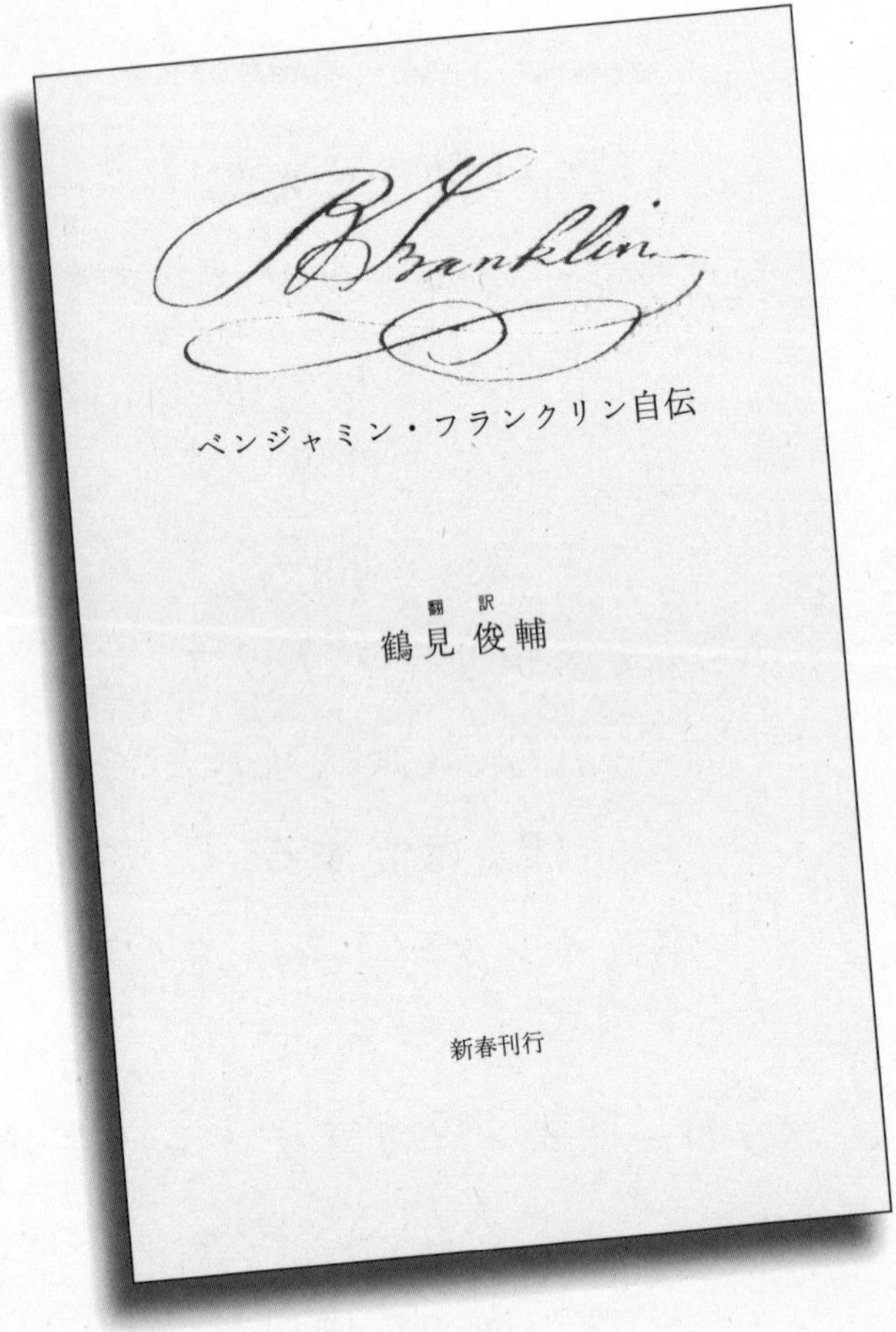
B. Franklin
ベンジャミン・フランクリン自伝
翻訳
鶴見俊輔
新春刊行